UNITED STATES AGENCY
USAID
INTERNATIONAL DEVELOPMENT
USAID
DU PEUPLE AMERICAIN

C
E
D
P
Center for Development
Studies and the
Prevention of Extremism
مركز الدراسات للتنمية
والوقاية من التطرف
N'Djaret- N'djamena
Tchad Tel : 00235 95012039

REVUE SCIENTIFIQUE DU CENTRE D'ETUDES POUR LE DEVELOPPEMENT ET LA PREVENTION DE L'EXTREMISME (CEDPE)

PROJET DE RENFORCEMENT INSTITUTIONNEL DU CEDPE POUR MIEUX PREVENIR L'EXTRÉMISME VIOLENT AU TCHAD.

REVUE SCIENTIFIQUE DU CENTRE D'ETUDES POUR LE DEVELOPPEMENT ET LA PREVENTION DE L'EXTREMISME (CEDPE)

PROJET DE RENFORCEMENT INSTITUTIONNEL DU CEDPE POUR MIEUX PREVENIR L'EXTRÉMISME VIOLENT AU TCHAD

Deuxième édition
Avril 2021

Le partenaire de la mise en œuvre : Creative Associates International
Le Projet/ Activité : Partenariats pour la Paix (Partnerships for Peace- P4P)
Sous le Contrat : AID-OAA-I-13-00005

Ce rapport est rendu possible grâce au soutien du peuple américain à travers l'Agence des États-Unis pour le développement international (USAID). Le contenu est le résultat des travaux menés par le Centre d'Etudes de Développement de la Prévention de l'Extrémisme et ne reflète pas nécessairement les vues de l'USAID ou du gouvernement des États-Unis.

Les Contributeurs à cette revue sont :

JOSIANE DARWATOYE : Activiste, Chercheure en Genre, Paix et Sécurité

DINGAMRO DEKO : Spécialité paix sécurité et intégration. Cadre au ministère de la justice et des droits humains.

NJERANE MARDOCHEE : Socio-Anthropologue

AGASSIZ BAROUM : Sociologue-spécialiste en genre et développement

Table des matières

Liste des sigles et abréviations

- **AKM**   Fusil d'Assaut Russe
- **BH**   Boko Haram
- **CELIAF**   Cellule de Liaison et d'Information des Associations Féminines
- **CRASH**   Centre de Recherche en Anthropologie et Sciences Humaines
- **COOPI**   Coopération Internationale Italienne
- **ECHO**   Commission Européenne de l'Aide Humanitaire
- **FAMAS**   Fusil d'Assaut de 5,56 mm modèle F1 MAS
- **FBI**   Bureau Fédéral d'Investigation
- **FDS**   Forces de Défense et de Sécurité
- **FMM**   Force Multinationale Mixte
- **HI**   Humanité et Inclusion
- **OCSE**   Organisation pour la Sécurité et la Coopération en Europe
- **OIM**   Organisation internationale pour les Migrations
- **ONG**   Organisation Non Gouvernementale
- **OSC**   Organisation de la Société Civile
- **P4P**   Partenariats pour la Paix
- **PAM**   Programme Alimentaire Mondiale
- **PNUD**   Programme des Nations-Unies pour le Développement
- **UNICEF**   Fonds des Nations-Unies pour l'Enfance
- **PV**   Procès-verbal
- **USAID**   Agence des Nations-Unies pour le Développement International
- **WWB**   Women's World Banking

Editorial

La société actuelle vit dans la terreur extrême où chaque individu voit sa vie réduite au néant par les faux prometteurs du paradis céleste appelés Boko Haram. Ces derniers promettent à leurs victimes l'héritage du paradis en récompense de leur vie. Ainsi, l'on assiste chaque jour à toutes formes de violence qu'elle soit physique ou émotionnelle infligée par son entourage, partisan d'un mouvement terroriste ou de la secte Boko Haram.

Prise d'assaut par les groupes terroristes pour mener leurs actions de crime contre l'humanité, le Lac Tchad est considéré comme une zone d'insécurité. Le Tchad et ses différents partenaires des zones frontalières reliées au Bassin du Lac Tchad mettent en œuvre toutes les stratégies sécuritaires nécessaires pour assurer la sécurité nationale notamment celle des habitants du Lac Tchad où les actes de terrorismes sont les plus fréquents.

L'insécurité sociale régulière qui règne dans le Bassin du Lac Tchad attire l'attention de tant d'organisations mondiales et des chercheurs à s'intéresser à cette zone frontalière confrontée depuis une décennie à des attaques terroristes qui déstabilisent sa population. Ces organisations et/ou chercheurs tentent d'apporter leur appui particulier aux victimes de cette zone. Le Centre d'Études pour le Développement et la Prévention de l'Extrémisme (CEDPE) fait partie de ces organisations qui luttent contre la violence sous toutes ses formes. Le Centre fait de la prévention et de la sensibilisation son art de combat contre l'extrémisme violent en créant cette revue scientifique trimestrielle qui demeure un outil de communication et de sensibilisation pouvant atteindre un public large et varié. Plusieurs thèmes de violences y sont traités. Cette revue scientifique trimestrielle tient lieu d'une idée de prévention de l'extrémisme violent, de promouvoir la paix. Quatre articles voire quatre thèmes sont traités dans cette revue dont les trois traitent la question de violence terroriste et un thème basé sur la chefferie traditionnelle.

Dans le premier thème : ***L'organisation de la Secte Boko Haram à N'djaména lors des attentats de 2015,*** l'auteur relaie les faits qui ont conduit à l'attaque perpétrée par la secte Boko Haram en plein centre ville de la capitale tchadienne qui a fait plusieurs victimes.

Le deuxième thème : ***Le pouvoir traditionnel une entité dynamique et remise en cause dans nos sociétés*** explique et décrit les mœurs et coutumes dans les sociétes traditionnelles du Sud du Tchad notamment le processus d'accession au trone (chefferie) et l'initiation. Cette tradition qui, par la suite, prendra une tournure qui aboutira à des actes de violence et de division communautaire.

Dans le troisième thème : ***Actions des femmes en matière de prévention de l'extrémisme violent : En quoi est-ce pertinent?***, l'auteure explique l'importance et le rôle que peut jouer la femme pour prévenir l'extrémisme violent. Dans son analyse, l'auteur admet que la femme peut être à la fois une actrice fondamentale dans la prévention de l'extrémisme violent

Dans le quatrième thème : ***La Province du Lac : Actions et défis des forces de défense et de Sécurité et des Organisations de la Société Civile,*** l'auteur met l'accent sur le rôle que jouent les organisations de la société civile et les forces de défenses et de sécurité pour prévenir l'extrémisme violent dans le Bassin du Lac Tchad. Il explique également les actions et défis à relever par les forces de défense et de sécurité dans la prévention de l'extrémisme violent.

Par NEMBAYE MAIBIGUE Davy
Communication/Marketiste-Publicitaire
Chargée de Programme du CEDPE

Le récit du procès des présumés
Terroristes qui ont attaqué la ville de N'djamena en 2015

Par DINGAMRO DEKO
Spécialité paix sécurité et intégration.
cadre au ministère de la justice et des droits humains.

Résumé

Cet article intitulé récit des présumés terroristes qui ont attaqué la ville de N'Djamena en 2015, est un récapitulatif des faits qui se sont déroulés simultanément et ont fait des victimes civiles et dans les rangs de la police. Il décrit comment les auteurs qui étaient organisés dans leur opération et quelle est la tâche de tout un chacun d'eux. Dans les témoignages recueillis et les documents consultés, une description des auteurs apparait avec leur source de financement et leur répartition pour l'opération à mener. L'article donne des informations sur les techniques et l'appartenance communautaire des auteurs et des chefs et comment Boko Haram a réussi à infiltrer N'Djamena et comment les terroristes ont pu faire l'attentat visant les points stratégiques de la capitale.

Mots Clés : Paix, Sécurité Intégration

Selon les informations résultant sommairement des auditions des procès-verbaux de la justice : Les 15 Juin, 29 Juin et 11 Juillet 2015, il y a eu successivement des séries d'attentats terroristes à N'Djamena respectivement devant le Commissariat central de police, à l'école nationale de police, dans un domicile privé sis au quartier Diguel-Dinguessou dans le 8ème arrondissement municipal de la ville de N'Djamena et le marché central. Ces différents attentats qui visaient des institutions publiques ont occasionné d'importants dégâts humains et matériels. Le bilan global est de 67 morts dont 10 kamikazes et 182 blessés. Après les attentats terroristes, une enquête a été ouverte par le parquet d'instance de N'Djamena qui a mis en place plusieurs équipes d'Officiers de Police Judiciaire et a requis les services de renseignements relativement à la recherche, à l'accumulation des preuves, à l'interpellation des présumés auteurs et de leurs complices.

L'organisation terroriste dénommé Boko Haram est indexée comme étant le commanditaire de ces attentats. Ceux-ci étaient manifestement planifiés par les nommés Moustapha Mahamat alias Bana Fanaye, Youssouf Ali, Harouna Adam, Muhamed Musa Abbas alias Abakar Ibrahim Cheick, Ousmane Zarkaoui et autres repartis en deux groupes[1] : le groupe de Toukra et le groupe de Diguel sous la coordination de Moustapha Mahamat alias Bana Fanaye.

La cellule d'enquête a procédé à la reconstitution de l'état des lieux des attentats en vue de travailler sur la base du concret et explorer toutes les pistes possibles. Grace à l'appui technique des enquêteurs américains du FBI venus pour la circonstance apporter leur expertise aux autorités tchadiennes, il a été établi que les fragments collectés sur la scène de crime des trois lieux des attentats sont identiques et que la conception des engins mortels est aussi la même[2].

---

[1] Arrêt criminel numéro .02/05/2005 Cour d'Appel de N'Djamena.
[2] Documentaire d'enquête, police tchadienne et FBI.

Les débris des kamikazes ramassés sur les lieux des attentats ont permis de déterminer que ces terroristes ont porté des gilets explosifs spécialement conçus constitués des tissus noirs. L'organisation terroriste Boko Haram a revendiqué ces attentats et affirme vouloir faire payer au gouvernement du Tchad son intervention aux côtés du Cameroun et du Nigéria dans la lutte contre elle. Une cellule active d'un réseau terroriste a été identifiée et démantelée. La conduite de l'enquête s'articule sur l'interpellation des responsables des éléments de Boko Haram établis à N'Djaména ainsi que leurs complices. Il s'agit de : Mahamat Moustapha alias Bana Fanaye, Abakar Ibrahim Oumar alias Cheik, Adam Ali Mbami, Ali Allamy, Alhadj Tchalle Mbodou, Ali Tchari, Kati Allhadji Mali, Tchari Ali, Mani Mal Tarbey, Abani Bada.

Des perquisitions effectuées dans les domiciles des suspects ont permis de saisir de faux documents administratifs et d'importants matériels suspects dangereux ainsi que des caches d'armes et des produits psychotropes. Considérant qu'il ressort de l'audition de Bana Fanaye alias Mahamat Moustapha, de son vrai nom Baba Gana Goni Mahamat qu'il est le chef de Boko Haram de N'Djaména et coiffe également Kousseri au Cameroun ; qu'il est devenu membre de Boko Haram depuis trois ans et demi à Gambarou. Qu'après avoir été chassé par le comité d'auto-défense depuis environ deux ans, il s'est réfugié à Kousseri où il se livrait à l'importation des motos[3] avant de s'installer à N'djaména fuyant la masse de réfugiés venant de Gambarou de peur d'être démasqué. Selon lui, le groupe s'est constitué au cours d'une réunion tenue il y a environ 7 mois (juillet 2015) sous les manguiers à Walia-Hadjarai où étaient présents :

---

[3] Le trafic de moto entre le Nigeria et le Tchad via la ville de Kousseri transfrontalière à Ndjamena était une activité très développée. Elle rentrait dans le cadre de l'économie insurrectionnelle instaurée par Boko Haram aux confins des Etats.

- Moussa Kwata était en charge des missions entre le Tchad et le Nigéria (en fuite et recherché)
- Moussa Ali alias Nammama s'occupait des réfugiés femmes (mort à Diguel-Dinguessou le 29/06/2015)
- Youssouf Ali, chargé de l'accueil, de l'hébergement des terroristes kamikazes, leur indique les cibles et réceptionne les matériels ; Ce dernier est assisté dans sa tâche de planification par Harouna Adam (mort le 29/06/2015, locataire de la maison de Diguel-Dinguessou)
- Harouna Adam s'occupait également de l'évacuation des blessés vers l'hôpital de Mahada (Cameroun) (mort le 29/06/2015, colocataire de la maison de Dinguessou)
- Mallam Lawal, le second de Moussa Kwata (arrêté)
- Bana Yadawa cherche des cachettes pour les membres de la nébuleuse (en fuite et non présent sur le territoire tchadien)
- Bana Fanaye qui a été désigné chef de la secte Boko Haram à N'Djaména. Il a une mission qui consiste en l'achat des armes, des minutions et des pièces détachées depuis le Soudan, le Cameroun et le Tchad. Qu'il est également chargé du recrutement des éléments tchadiens pour alimenter les rangs de la secte et qu'il a eu à recruter personnellement une quarantaine de personnes. Qu'il s'occupe également de l'accueil des membres en repli au Tchad.

Le groupe compte environ quinze membres dont des nigérians et des camerounais et la réunion leur a permis également de se répartir les tâches pour une meilleure coordination de leurs activités.

La diversité ethnique des membres de ce groupe:
- Les Boudoumas : Youssouf Ali, Bana[4] Yadawa, Mahamat Moustapha, Bana Toukra, Tidjani koulouma, Moustapha, Abouna Adam, Abor Harazai, Mahamat.

---

[4] Documents d'enquêteurs, ministère de la justice du Tchad.

- Les Haoussas sont : Moussa Kwata et Moussa Ali alias Namama.
- Les Arabes sont : Haroun Adam, Ibrahim Ali, Ali Ousmane, Mahamat Azafrak.
- Les Kotoko sont : Abakar Guelbe, Moussa Moise, A Abor Ibni Abbas, Kasseri et Ahmat.
- Le Sara est : Djimadoum Koula Doumgui alias Mahamat Sara
- Le Peul est : Mahamat Saleh Ali alias Ousmane Zarkaoui

Au regard de cette diversité ethnique, on peut infirmer toutes les thèses tendant à établir une corrélation entre Boko Haram et l'appartenance communautaire, ce qui accrédite davantage la pluralité des motivations dans l'engagement à la secte Boko Haram :

- Les membres du groupe qui se trouvent à Kousseri sont Abouna Adam, Ibni Abass, Abor Harazai, Mahamat Azarak et Moussa Moise. En dehors de deux derniers qui sont des vendeurs d'essence, le reste du groupe exerce la profession de clandoman.
- Il y a un groupe de Boko Haram composé de Gorane et de Kanembou environ une quarantaine et qui est sous le commandement d'Ousmane Abdallah, tchadien, d'ethnie gorane, domicilié au quartier Ridina qui est présentement en Arabie Saoudite pour le petit pèlerinage à la Mecque. Que c'est ce dernier, un prédicateur rattaché au responsable de Boko Haram le nommé Ba Moussa qui opère dans la zone de Banki/Cameroun. Ce groupe est membre de la secte de façon partisane et par idéologie. Sinon, ils ne participent ni aux opérations, ni aux achats d'armes et de munitions, ni à l'accueil des éléments et ne reçoit aucun financement de l'organisation.
- Il y a aussi quelques groupes isolés qui sont venus de Gambarou et se trouvent à Dembé, à Diguel-Ngabo et à Toukra. Selon Bana Fanaye, il n'existe aucune ramification de la secte à l'intérieur du pays.

Objectif et préparation des attentats à N'Djamena

Selon Bana Fanaye, l'objectif des attentats est de faire payer au Tchad son intervention militaire contre leur organisationnel c'est pour cela ils ont décidé de frapper un certain nombre de cibles au Tchad. Concernant la préparation des attentats, selon Bana Fanaye, un des chefs Boko Haram appelé Abba Kaka basé à Banki a appelé Youssouf ALI au téléphone et l'a chargé des kamikazes en lui disant qu'il allait lui envoyer trois personnes sans autres précisions. Ces terroristes sont entrés au Tchad par Kousseri mais qu'il se réserve d'indiquer la porte d'entrée. Les trois kamikazes ont été accueillis par Youssouf Ali et Harouna Adam et ont mis environ cinq jours au quartier Diguel-Dinguessou avant de commettre leur forfait[5].

Dissension pour le passage à l'acte

Selon Bana Fanaye, il a été informé de l'arrivée de trois étrangers et qu'il fallait chercher des cibles à attaquer. Il leur a demandé de ne pas passer à l'action car cela serait préjudiciable à leur présence au Tchad et surtout à leur organisation mais il n'a pas suivi. Selon lui, il a préconisé d'attaquer d'abord les bars dancing. Youssouf ALI lui a dit de prendre acte de sa proposition mais deux jours après, il a appris à la radio le double attentat qui a visé le commissariat central et l'école de police. Il a donc reproché Youssouf ALI de ne l'avoir pas prévenu du choix des cibles et ce dernier lui a dit que les kamikazes étaient agités à perpétrer leur forfait.

Trois jours après les attentats, Youssouf l'a informé de l'arrivée de deux nouveaux kamikazes entrés toujours par Kousseri mais après l'interpellation de la femme de Youssouf ALI précédée de l'explosion sur la route de Gaoui, il a compris que c'était le domicile de Youssouf Ali à Diguel-Dinguessou[6]. Les membres de la secte ayant reçu la formation de

---

[5] Rapport d'enquête du ministère de la justice et des droits de l'homme.
[6] Ibid.

djihadiste ne dépassent pas dix. Il s'agit de Ousmane Zarkaoui, Youssouf Ali (décédé), Haroun Adam (décédé), kamay alias Kasseri, A. Abor, Moussa Kwata, Moussa Ali alias Namama (décédé) et Bana Fanaye lui-même[7].

Qui finance Boko Haram à N'djamena ?

Selon Bana Fanaye, le financement des activités de Boko Haram vient essentiellement du Nigéria[8]. Il affirme que c'est Moussa Moise qui est à Kousseri qui va chercher souvent l'argent à Amtchoukouki (Cameroun) près de Fotokol. Lorsque Bana Fanaye exprime le besoin d'argent il appelle Ba Maye à Kountché au Nigéria. Ba Maye remonte l'information à Sambissa auprès de Abba Kaka qui saisit à son tour Aboubakar Shekaou, ensuite l'argent est mis à la disposition de BA Maye, et l'achemine à Kousseri pour la cellule de N'Djamena. En un mot le transfert de fond suit un labyrinthe.

La détention illégale, l'acquisition des armes et des munitions :

Il a été découvert dans le domicile de Bana Fanaye et Moussa Kouata au quartier Guinébor dans le 1er arrondissement de la ville de N'Djaména une importante cache d'armes et de munitions de tout calibre ; qui a permis de recenser les armes et munitions suivants :
- 32 AKM ;
- 02 Mitrailleuses de 12,7mm
- 02 lances roquettes RPG7
- 07 mitrailleuses 09 mm

---

[7] Ibid.

[8] Les activités économiques constituent une seconde source de financement. A cela s'ajoute diverses armes et munitions découverts par les forces de l'ordre du Cameroun à Kousseri.
Quelle date ?

- 07 boites de cartouches de 12,7mm
- 04 boites de cartouches AKM
- 34 roquettes RPG 7 (OG anti char)
- 53 roquettes RPG 7
- 100 charges RPG7
- 13 verseaux de mitrailleuse 12.7
- Une grande quantité de maillons de 12.7mm et mitrailleuses 09mm
- Une grande quantité de minutions 12.7mm, 09mm, FAMAS et AKM.

Bana Fanaye a donné quelques précisions sur le circuit d'acquisition des armes et des munitions. Selon lui, il a contacté un élément dont il ne connait pas l'identité qui lui fournissait des armes et des munitions pendant qu'il était encore à Kousseri. Il dit que ce dernier lui aurait fourni 13 armes d'assauts de marque AKM dont 4 à 450 000 francs l'unité et neuf à 500 000 francs pour 10 000 cartouches. Une fois installé à N'Djaména, dit-il, il a contacté Ousmane Abdallah[9] qui l'a aidé à faire venir un nombre incalculable d'armes et de munition du Soudan qu'il a pu acheminer à Blangoua, ville camerounaise.

Il note que les autres armes lui ont été livrées par Mahamat Saleh[10] dont il ignore la fonction et les contacts ainsi que son lieu d'habitation.

Pour le stock des armes retrouvées par les forces de l'ordre au domicile de Moussa Kwata à Guinébor, une grande quantité de ces armes a été assemblée par Harouna Adoum. C'est un stock de presque un an environ[11]. Ces armes destinées à alimenter les combattants BokoHaram au Nigéria, sont dissimulées dans les marchandises (poissons, peau…), sont

---

[9] Anonymat, Hommes, 47 ans, N'Djamena, 27 décembre 2020.
[10] Ibid.
[11] Plus de 100 armes de différents calibres.

transportées en petite quantité jusqu'à Guitté puis en pirogue vers Blangwa de jour ou de nuit. Elles sont ensuite convoyées jusqu'à Fotokol ou Seram (Cameroun) et enfin elles arrivent au Nigéria et réceptionnées par Abba Kaka[12].

Mahamat Moustapha alias Bana Fanaye a reconnu sans ambages les faits qui lui sont reprochés tant en enquête préliminaire qu'au fond, qu'il a fait un aveu de culpabilité compte tenu des responsabilités qu'il a eu à assumer au sein de la secte Boko Haram à N'Djamena[13].

Sur le faux et usage de faux, trafic et consommation des produits psychotropes

Bana Fanaye alias Mahamat Moustapha s'est fait délivrer des fausses pièces d'identité sur lesquelles il a indiqué qu'il est né au Tchad alors qu'il est né au Cameroun. Dans cette pièce il s'est nommé Mahamat Moustapha alors que son vrai nom est Baba Gana Goni Mahamat. En agissant ainsi, l'inculpé tombe sous le coup des articles 196 et Code pénal. Il a donc des charges suffisantes pour le poursuivre de chef[14].

Considérant que lors de la perquisition de son domicile, il a été saisi et mis sous scellés une importante quantité des produits psychotropes ; il ne fait l'ombre d'aucun doute que les membres de Boko Haram s'adonnent régulièrement au trafic et à la consommation desdits produits. Il y a également des charges suffisantes pour retenir Bana Fanaye alias Mahamat Moustapha dans les liens de la prévention sur la législation contre les stupéfiants et autres produits psychotropes.

Cheick déclare pour sa part qu'il a été interpellé à Massaguet par la police l'accusant d'être un élément de Boko Haram. Selon lui, il prétend être installé à Farcha depuis quatre ans en pratiquant le commerce de sésame amené de Moundou de 2011 à 2014. Avec le soutien de son aveu,

---

[12] Rapport d'enquête, ministère de la justice et des droits de l'homme.
[13] Ibid.
[14] Anonymat, Hommes, 47 ans, N'Djamena, 27 décembre 2020.

il affirme avoir gagné le rang de Boko Haram en 2011 à partir de N'Djamena et recruté par le défunt Baka de nationalité nigériane et d'ethnie Bornou. Il a été formé dans le concept de Boko Haram ayant constaté que celui-ci n'est pas conforme au Coran car il prêche la violence.

Il précise que Baka et les autres membres influents de la secte faisaient des navettes entre Ndjamena et Maïduguri et chaque fois, ils lui versaient une somme de cent à cent cinquante mille francs CFA en guise de récompense. Il cite comme membres de la secte Boko Haram à Ndjamena Ousman Abdoulaye alias Manou à Angabo, Bana Yadawa vendeur de matelas à Goudji, Bana Fatié, Ousman Zarkaoui et Koulouma à Toukra, Youssouf Ali et Haroun à Diguel. Il ajoute que les deux dernières cités sont les leaders de Diguel et qu'ils ont d'autres partisans, Mal Lawane à Diguel-Zafaï. Abakar Ibrahim Oumar alias Cheick justifie l'argent que lui versent les membres influents de Boko Haram pour les cours de Coran qu'il leur donne. Il fait semblant de ne pas connaitre la position d'Ousman Zarkaoui en disant que leur dernière rencontre remonte à six mois. Il précise que Bana Fanaye et Koulouma, Bana Fatié sont des éléments de Boko Haram et que Ousman Zarkaoui est leur chef[15].

Répondant à la question de savoir pourquoi il a fui Ndjamena pour se retrancher à Massaguet, il explique qu'il fui à cause des dégâts collatéraux de ces attentats. Il dénonce les commanditaires de ces attentats, Youssouf Ali et Haroun Adam de nationalité nigériane, habitant à Diguel. Il relate avoir peur d'être arrêté par les autorités quand il dénoncera Youssouf Ali et Haroun Adam après ces différents attentats. Il déclare pouvoir conduire la police chez Harouna, Man Lawane, Ousman Abdoulaye, Youssouf Ali qui sont chargés de cacher les armes chez eux. Il laisse entendre qu'il veut coopérer pour démanteler les autres membres de Boko Haram[16].

---

[15] Ibid.
[16] Anonymat, Hommes, 47 ans, N'Djamena, 27 décembre 2020.

Ibrahim Cheick[17] dit que les sources de financement de la cellule Boko Haram du Tchad vient du Nigeria. Il y a Ali Abdoulaye alias Ali Mousgoum et Mahamat Serki qui sont chargés de se rendre au Nigeria auprès d'Abubakar Shekaou pour chercher l'argent. Il déclare que c'est Ali Abdoulaye alias Ali Mousgoum qui l'a informé que Ousman Abdoulaye alias Manou est aussi membre de Boko Haram depuis 2011.

Une réflexion est actuellement en cours, au Tchad, sur les moyens d'articuler cette réponse d'urgence et des projets de développement autour du lac pour favoriser la résilience des populations sur le long terme. De nombreux bailleurs comme la Banque mondiale, l'Union européenne à travers son Fonds fiduciaire, ainsi que son instrument de stabilité et le service de la Commission européenne à l'aide humanitaire (ECHO), ou encore l'Agence française de développement et la Banque africaine de développement, ont déjà défini ou fait part de leur intention d'investir dans les projets de réinsertion. Les calendriers de mise en œuvre différents et les projets qui mobilisent le plus de fonds débuteront sûrement. Affecter des sommes importantes au développement du pays, bien que nécessaire, n'est pas sans risque et impose d'évaluer en amont l'impact de chaque dollar dépensé pour éviter de renforcer certains facteurs de crise (do no harm policy). Dans cette région du lac très particulière, marquée par une croissance démographique importante et les fluctuations incessantes, seule la mobilité des acteurs a en effet permis de maintenir un équilibre entre les communautés.

Aujourd'hui, la mobilité est compromise et les modes traditionnels de règlement des conflits, la gestion du foncier ou encore l'organisation des campagnes de pêche ou de la transhumance sont perturbés par un déploiement militaire important et par la présence de Boko Haram. Les acteurs du développement devraient financer une étude socio-anthropologique pour comprendre ces logiques de mobilité, les phénomènes de concentration à l'œuvre, la structure des ménages et

---

[17] C'est le représentant de Shekau dans la zone de Kousseri.

surtout définir des priorités avec les populations locales pour faciliter leur appropriation. La question du dimensionnement des projets devrait également être abordée. Certains chercheurs proposent par exemple de privilégier de nombreux aménagements de taille réduite pour éviter de recréer des compétitions féroces entre communauté.

Enfin, si ces projets sont indispensables, la relation entre sous-développement et radicalisation n'est pas toujours évidente et il faut donner aux projets de développement des objectifs bien plus larges que la « déradicalisation » ou la « prévention de la violence extrémiste », pour éviter un amalgame aux yeux des populations entre actions de développement et mesures sécuritaires. Pour réussir cette transition de l'urgence au développement, il est essentiel que l'Etat se saisisse davantage de la question de l'avenir du lac.

Le pouvoir traditionnel une entité
dynamique et remise en cause dans nos sociétés

Par Njerané Mardochée
Socio-Anthropologue Université de Yaoundé

Résumé

Les changements issus du contact entre la chefferie traditionnelle et l'Etat colonial deviennent préoccupants. Les lois traditionnelles non écrites et les coutumes veulent être effacées par le pouvoir étatique. Parler de la dynamique du pouvoir traditionnel dans ce contexte socioculturel reviendra alors à comprendre ce que cette réalité nous montre. Cela implique également l'imbrication de la culture autour de l'exercice du pouvoir, de ses implications dans la société, de l'évolution et du changement dont il fait l'objet. Il sera question de faire une ethnographie du pouvoir traditionnel de la socioculture Bendjia au Sud du Tchad.

Mots-clés : Pouvoir traditionnel, dynamique, ethnographie, sacré

Introduction

Le pouvoir est donc, la capacité d'influencer, d'orienter et de délimiter la pensée ou l'action d'un individu ou d'un groupe. C'est pour dire que l'homme est soumis à un pouvoir ou encore aux pouvoirs. Cette domination résulte du recours à la puissance pour obtenir l'exécution des décisions, elle aboutit à une dissymétrie totale entre dominants et dominés. L'obéissance des dominés est consentie lorsque l'autorité est légitime. Cette légitimité peut-être soit traditionnelle, elle repose sur la valeur des traditions ; soit charismatique quand elle repose sur les valeurs de la personne du chef. Cette légitimité est à la fois traditionnelle et moderne. Le pouvoir traditionnel est donc au centre de plusieurs études. Il est un sujet complexe, entend-on dire dans certains milieux politiques. Sa complexité témoigne de son importance et de la nécessité d'en parler. Il arrive que le premier se montre plus efficace pour venir à bout de certaines difficultés. Parce qu'il est complexe, et apparaît par endroits comme lourd à évoquer qu'il faut en parler. Le pouvoir traditionnel, comprenez par-là chefferie traditionnelle est gardien de patrimoine traditionnel commun, est entouré de tous les respects que l'on connaît en Afrique. Il serait question pour nous de faire une ethnographie d'un pouvoir au Sud du Tchad et principalement dans le contexte socioculturel Bendjia.

****

LE POUVOIR

Le mot « pouvoir » est employé dans de nombreux contextes qui sont parfois proches des concepts d'influence ou d'autorité. Ces divers concepts doivent cependant être distingués. Le pouvoir est « la capacité d'une personne ''A'' d'obtenir qu'une personne ''B'' fasse quelque chose qu'elle n'aurait pas fait sans l'intervention de ''A'' »[18].

M. Crozier[19] insiste sur le fait que « le pouvoir est une relation et non un attribut des acteurs ». Comprendre cela nous mènera donc à dire que la notion de pouvoir met en mouvement deux individus, deux parties. C'est dans l'interaction que le phénomène de pouvoir se dévoile le plus. Le pouvoir est donc une relation « réciproque mais déséquilibrée ». Déséquilibrée dans ce sens où l'une des parties en relation tire assez d'avantages que l'autre. Toujours selon Crozier « *C'est un rapport de force, dont l'un peut retirer plus d'avantages que l'autre, mais où, également, l'un n'est jamais totalement démuni face à l'autre* ». Cette intervention de la force comme coercition est plus ou moins mise en balance. Les individus en relation interviennent les uns sur les autres et vice-versa pour l'obtention des faveurs sous une contrainte réelle ou apparente. Cette conception relationnelle est aussi celle de M. Foucault « le pouvoir n'est pas quelque chose qui s'acquiert, s'arrache ou se partage, quelque chose qu'on garde ou qu'on laisse échapper. Le pouvoir s'exerce à partir de points innombrables, et dans le jeu de relations inégalitaires et mobiles »[20].

---

[18]Weber, M., *L'économie et société. Les catégories de la sociologie,* tome 1, Pocket, Paris, 1995, page ?
[19]Crozier M. et Friedberg E. : L'acteur et le système, Editions du Seuil, 1977, page ?
[20]Foucault M. : "Le sujet et le pouvoir" dans Dits et écrits, tome IV, Gallimard, Bibliothèque des sciences humaines (p. 222-243)

Selon Max Weber[21], la théorie du pouvoir s'inscrit dans une opposition entre société traditionnelle et moderne. Sachant que cette distinction entraîne d'autres comme celle effectué entre autorité et pouvoir. D'un côté la société traditionnelle basée sur la continuité de l'autorité patriarcale et de l'autre une société moderne en plein essor qui, sous couvert de la démocratisation, sont minées par des processus de bureaucratisation, d'individualisation et de rationalisation. Pour lui, il s'agit de répondre aux questions suivantes : Dans quelle condition les hommes se soumettent-ils? Et pourquoi? Sur quelle justification interne, et sur quel moyen externe cette domination s'appuie-t-elle ? Beaucoup traite cette dialectique du pouvoir traditionnel et moderne sous un angle « *endosemique* ». Le mouvement de balancier entre cycles de modernisation et effets retours culturalistes n'est nullement spécifique au continent africain. Il peut se repérer par exemple dans l'Afghanistan et l'Irak sous occupation américaine : à l'échec d'une ambition de transformation succède un recours au « traditionnel », chefs tribaux en Irak et Loya Jirgha en Afghanistan. Mais le mouvement ne provient pas seulement de l'en-haut « néocolonial » de la scène internationale : l'indigénisme a ainsi fait une spectaculaire percée ces dernières années en Amérique latine. C'est bien le signe que, par-delà les cycles, la politique néo-traditionnelle est le plus sûr indice des transformations en cours, à l'instar par exemple des « récits ethniques » qui « invoquent l'essence pour gérer le changement »[22].

Parler de la dynamique du pouvoir reviendra donc à parler du mouvement, du changement, de l'évolution d'un état ''A'' à un état ''B''. Ce changement oblige parfois le système mis en mouvement de changer de caractéristiques parfois et ce indépendamment de sa volonté. La dynamique met en mouvement tout le système et l'oblige à quitter d'un état prime à un autre second. Malinowski (1943) nous donne des

---

[21]Idem

[22] Denis-Constant Martin, *Cartes d'identité. Comment dit-on « nous » en politique ?*, Paris, Presses de la FNSP, 1994, p. 32.

vues qui permettent d'approcher les dynamismes sociaux. Pour lui une culture doit être étudiée pour mettre à jour des significations dont l'importance est à lire dans cette socioculture dont est issue la culture. Il insiste également sur le fait que les institutions de chaque société sont en connexion entre elles et que s'il y a un changement qui touche un élément du système cela se ressent sur l'ensemble, y compris là où on l'attend le moins, le pouvoir.

1. Le pouvoir traditionnel une entité dynamique et remise en cause dans nos sociétés

Le pouvoir traditionnel est un système complexe où se mêlent le sacré, le charisme et encore plus l'autorité publique qui est l'Etat. Ces différents acteurs du système à travers leurs actes, l'évolution du monde, conduit ce pan du pouvoir à changer d'un état initial à un autre second qui n'adhère pas ou plus souvent ne bénéficie pas de l'approbation de tout le monde.

1.1. La nature sacrée du pouvoir

Le sacré et le pouvoir ont été depuis toujours au centre de plusieurs approches. Heusch (1962) met en rapport ces deux concepts en leur donnant un lien qui existe au début des temps. Cela se poursuit et au fur et à mesure dans le temps. Ce lien peut s'effriter mais il ne sera jamais rompu. Car, en tout pouvoir il existe le sacré. Dans les sociétés traditionnelles on prend des rois, des chefs comme descendants des divinités et parfois comme ces dieux eux-mêmes dans l'Egypte pharaonique. Dans certaines sociétés, cette sacralité n'est révélée que lorsque, *Ngar Mbaï,* le souverain, le roi, le chef est investi dans son rôle de détenteur du pouvoir politique. De ce fait par des rituels et autres procédures il acquiert ce sacré qui l'identifie aux dieux.

Cette connivence du pouvoir et du sacré est signalée aussi par Balandier (1967), qui montre comment se révèlent dans les sociétés sans Etats les fondements, processus et fonctions du pouvoir. Donc il est à voir que ce rapport du pouvoir avec le politique se retrouve dans plusieurs systèmes politiques. Il reste à évoquer une « énigme », celle que pose la mystérieuse connivence du sacré et du pouvoir traditionnel, l'étrange parenté de leur mode d'exister. Le politique comme le religieux d'une façon plus générale contribue à donner de la société une image unifiée et transfigurée, idéalisée. Dans les sociétés de la tradition, la liaison forte de l'ordre du monde et de l'ordre des hommes impose une accointance forte du pouvoir et du sacré, une union très apparente dans les systèmes théocratiques, les royautés divines et les royautés où le souverain a la charge des « forces » naturelles fécondantes comme dans l'univers des rois « faiseurs de pluie ». Il y a davantage à voir. Le souverain traditionnel est séparé de la société comme les dieux le sont de l'univers humain il est à part, unique, différent, chargé de la force du pouvoir, c'est de cette distance et de sa différence qu'il tient la capacité de gouverner, de commander et d'imposer[23]. C'est là ce qui confère à la procédure de l'investiture la fonction de « faire le roi ». Il en reçoit l'initiation suprême à lui seul réservée et il en est transfiguré. Il accède à une double existence, il est encore une personne humaine, mais séparée, il est surtout une personne mystique. La théorie des deux corps du roi (humain/mystique) souligne cette existence en double. On comprend alors qu'il n'y ait pas de pouvoir traditionnel possible sans un large déploiement de symboles, sans un encadrement rituel et cérémoniel, sans une contrainte des prescriptions (obligations) et des tabous, tout s'en trouve marqué, de l'espace palatial au corps du roi et à ce qui l'environne. Les arts servent alors conjointement la royauté et le sacré. Ainsi, dans les royaumes de la Bénoué au Nigeria, où le souverain est responsable des actes religieux dont « dépend » le bien-être du peuple, la lutte contre les puissances néfastes. Les masques royaux sont placés au centre de l'activité publique et rituelle ; ils ravivent les relations-forces entre l'homme, la nature, les ancêtres et le passé où s'enracinent la tradition, le pouvoir, l'histoire.

---

[23] G. Balandier, « Le sacré par le détour des sociétés de la tradition. » 1996

Ce sacré permet aussi de renforcer le mythe, les structures de l'autorité en leur donnant une explication historique et morale donc d'une *conscience collective* selon Émile Durkheim. Si l'entropie, le désordre guettent alors le système, les rituels permettront de rétablir l'ordre. Ces rites de commémoration ou d'intronisation, mettent en jeu le pouvoir qui au travers d'eux se revigore la pensée commune. Tout en remettant la distance entre le chef et le peuple, il rappelle ainsi l'origine sacrée du pouvoir en faisant un retour à ses origines lointaines. Cette notion du sacré du pouvoir est aussi manifeste dans la socioculture Tikar. Cette connivence est relevée dans la thèse d'ABOUNA Paul *« le pouvoir et le sacré chez les Tikar : contribution à l'étude des significations dia-génétique et culturelle de l'institution politique en Afrique »* pour cet auteur le pouvoir et le sacré est représenté par le chiffre sept dans cette socioculture.

1.2. Le sacré et le pouvoir chez les Bendjia

Parler de la sacralité du pouvoir dans le contexte socioculturel Bendjia nous fera comprendre ce que c'est le pouvoir dans ce contexte socioculturel. Quand on parle de pouvoir, on comprend immédiatement par le mot *« gadji»* certains diront *« gadjirodeou »pouvoir intérieur*. Quand le roi est ordonné chef il est mis à part, détient le *« gadji »* la force vitale intérieure et est donc le chef de sa socioculture. Le sacré dans cette socioculture se traduit aussi par le fait que le chef est consideré par ses sujets comme intermédiaire entre eux et les ancetres illuminés. Le sacré implique le mythe, qui est son explication, et le rite, qui est sa *mise en œuvre*. Le mythe reporte au temps des commencements, des origines, des créations ; il réfère à une réalité primordiale, cachée ; il permet de donner du sens et de structurer l'univers sensible. Il inscrit le sacré dans une vision du monde qui est supra-rationnelle. Donc le mythe dit le sacré et le rite le théâtralise ou le présentifie dans notre sphère humaine.

A travers l'arbre sacré qui est le caïlcédrat, le chef de village joue ce rôle en apportant les sacrifices qu'il faut pour remercier les ancetres ou demander leur faveur. Sacré, car le chef de village à travers son intronisation est ainsi sacralisé par des rituels bien précis pour lui donner ce pouvoir qu'il en n'avait pas quand il était un sujet de son père ancien roi. Ce sacré se remarque aussi par le fait que le Chef est un initié au « *laou* » ou autres cas de passage pour être un vrai et redoutable chef. Si cette condition n'est pas remplie ce dernier ne peut jamais etre chef,. car il y a des decisions qui ne se prenent qu'en brousse entre initiés et patriarches. Le processus de mise en sacré du chef dans la socioculture Bendjia va de la designation du chef à l'intronisation et à la présentation devant les autorités réligieuses comme politiques. La socioculture Bendjia se differe des autres chefferies telles que la chefferie Dokapti, Konduru et même celle de Fianga avec son Wang Doré. L'intronisation ne se fait pas avec un rite et un rituel comme dans d'autres chefferies ci-haut citée où on entre dans une case réservée et l'on fait des incantations, des prières aux ancêtres et autres rites d'intronisation. Certains rites pour être chef se font sous un arbre, celui des ancêtres. Sous cet arbre, l'on fait recours aux ancetres, aux totems pour l'execution du rite qui conferera le pouvoir supra au nouveau Chef. Dans cette théatralisation du sacré, le Chef est couvert d'une peau d'animal. Cette peau n'est pas choisie au hasard mais cela découle du fait que cette peau représente le totem de la famille dont derive le Chef. Si l'on couvre le nouveau souverain avec la peau d'une panthère et que ce dernier est un homme lion il y aura des repercussions sans pareil dans son règne. Ces répercusions sont entre autres : la famine, les termites dans les champs, le survol anormal des abeilles protectrices du village, les maladies diverses, les morts et disparutions soudaines. Le chiffre 7 intervient dans ce rite. Il représente la tête de l'être considéré porteur du pouvoir. Après les cérémonies sous cet arbre sacré, le Chef de village sera accompagné de 7 personnes : 1 crieur public, 2 assesseurs, 1 secrétaire, 1 chef de terre et de 2 goumiers.

Photo 1 : les arbres fétiches du village Bendja vu de loin[24]
Source : Njérané Mardochée

Sous ces arbres se tiennent les danses des initiés et se font certains rites et sacrifices de protection. Ces arbres font partie des caïlcedrat. La couleur dominante est le vert. Ils surplombent un champ de sorgho rouge qui est en train d'arriver à maturation. Les fleurs de ces arbres sont plus ou moins grises. Sous cet arbre sont déposés des offrandes et autres matériels de culte à l'endroit des ancêtres. Les animaux que toute personne rencontrera sous cet arbre sont donc la mise en chair des ancêtres donc défendus de tuer sous peine de mort, châtiment des illuminés selon les récits de vie de cette communauté.

1.3. Le processus d'intronisation chez les Bendjia

L'intronisation, un processus qui consiste donc à installer quelqu'un sur un trône. Dans la plupart des sociétés africaines, cette intronisation se fait suivant plusieurs rites et rituels. Celle de la socioculture Bendjia est spécifique.

---

[24] Village Bendjia, 2015

Avant la période coloniale, l'intronisation dans cette contrée se fait selon un long processus. Il ne s'agit pas seulement d'installer un nouveau chef sur le trône à la place de son père qui n'est plus dans le monde des vivants, mais plus une éducation à la vie de chef. L'enfant qui est le descendant du chef ou son fils est choisi par celui-ci dès son enfance. Il passe par l'initiation, une phase transitoire qui permet à l'enfant de quitter son enfance pour le cours des adultes. Cet enfant suit son père dans ses déplacements et ses échanges avec d'autres chefferies. Il est moulé pour assurer son rôle de chef quand il sera grand et que son père ne sera plus. Il sera initié aux secrets de la brousse, aux arbres et herbes médicinaux. A la mort de son père il est conduit sous l'arbre fétiche du village pour ainsi sceller son sort avec le monde surnaturel, sacré. Cette manière de faire est alors l'intronisation pour cette socioculture. C'est à la mort de son père que ce dernier accédera au trône. Mais aujourd'hui, l'intronisation a évolué pour laisser place à plus qu'une présentation appelée installation pour certains. Cette présentation au public est alors l'installation et non l'intronisation selon la tradition orale dans cette contrée.

De nos jours, il s'agit beaucoup plus de l'installation que de l'intronisation. Le jour de l'installation qui est la partie visible et publique du processus de l'intronisation, c'est la fête. Des invitations sont adressées aux autres chefs des villages avoisinants relevant du même ressort du canton, au chef de canton, au sous-préfet et au préfet si possible. De sa maison à la place de la cérémonie, le nouveau chef sera escorté par quelques membres de la communauté jusqu'au lieu destiné pour la cérémonie. Il sera installé dans le fauteuil du roi. Le chef de canton après instruction du sous-préfet prendra la parole pour exhorter la population et les invités. Ensuite, viendra le tour des religieux de prononcer les mots sacrés pour joindre le chef en lui versant de l'huile « **ouboukhob** » sur la tête. Cet acte consacre désormais le chef du village. Déjà joint, le chef est revêtu de la sacralité. Il devient un homme pas comme les autres. Il ne portera pas la main sur une personne et personne ne passera sa main sur son épaule de peur d'être détruite mystiquement.

Dans l'émanation du sacré dans le pouvoir traditionnel il faut se mettre à l'évidence que dans cette socioculture, le sacré rime avec « laou » « yondo » que l'on rencontre chez les Sara, le « beul », « gadjibhol », « gadjimane », « ngandé » qui sont les différentes sortes d'initiation. Un chef doit absolument passer par au moins l'un des stades de l'initiation avant son intronisation ou son installation. Le processus de la concentration du sacré du chef dans la socioculture Bendjia va de sa désignation par son père, son initiation, son implication dans certains rituels, son intronisation et sa présentation aux autorités politiques et administratives et à ses sujets au jour de son installation. Dans tout le processus, l'initiation se trouve au centre des manifestions pour préparer le jeune à ce titre de noblesse. Certaines décisions importantes de la vie du village sont prises aux sanctuaires du village et n'assiste à cette réunion que celui qui est initié et convié[25].

Photo2 : initiés encore en formation dans une brousse à la sortie de Bendjia.
Source : Njérané Mardochée

---

[25] Leyo L, Chef de terre, Bendjia 2015

Pour illustration, voici les initiés avec des accoutrements feuillés. Ces habits protègent ces jeunes initiés du froid, des morsures et blessures de certains petits animaux et puces qui peuvent nuire à leur santé pendant qu'ils sont encore dans la brousse en train d'apprendre l'art de grandir. Avec l'évolution dans le temps, le pouvoir traditionnel est soumis à une pression qui vient soit de l'intérieur soit de l'extérieur. Cela entraîne la dynamique de ce système d'autorité basé sur la tradition. Cette évolution ne se fait pas sans heurt. Cela conduit ce système de commandement dans une posture anomique donc de la déchéance.

Comme analyse iconographique de ces initiés, nous avons une forme générale ronde faite par les feuilles des arbres. Dans les formes différentielles il faut comprendre que chaque initié porte sur lui des accoutrements qui lui sont propres. Aucun d'entre eux ne peut porter l'habit traditionnel d'un autre. Ils ont en main chacun un petit bâton en branche d'un arbre bien différent de celle avec laquelle leurs habits ont été confectionnés. Nous remarquons qu'ils sont nus pieds. Un d'entre eux a un petit sac en main. Tout ceci dans un environnement vert fait par la saison de pluie en cette période. C'est un moment dans la vie du garçon qui lui permettra d'être confronté à la dure réalité de la vie d'hommes en vue de son retour de se comporter comme ainsi dans la vie.

2. La détérioration de l'autorité traditionnelle de nos jours

Partout, nous constatons que la dégradation et la transformation du pouvoir traditionnel se sont opérées sous la contrainte de la colonisation ensuite par la création des Etats dits modernes. Dans toutes les sociétés existantes au monde, nous voyons que toutes sont inscrites dans le flot de l'évolution, du changement, de la transformation et ainsi avec tout le lot de problème que cette mutation peut causer. Ce déclin a entraîné la création de deux Bendjia. Le relâchement des sujets et leur non dévouement aux travaux des villages sont les résultantes de cette décadence. Bendjia qui fut pendant la période précolonial une seule entité de vie se retrouve maintenant dans les années 90 à deux villages : Bendjia 1 et Bendjia 2. Dans cette décadence, il faut aussi comprendre que beaucoup de situations peuvent être aussi corolaires de cette décadence. Des divergences d'opinion sur les données ou les faits tels que certains habitants de la socioculture Bendjia de par leur instruction scolaire vient avec des idées nouvelles pour les introduire dans la gestion du pouvoir traditionnel.

Des conflits tenant aux relations ou aux personnalités viennent également ajouter leur part de problème. Des besoins et des intérêts en concurrence liés à l'accès aux ressources pour le développement des pseudo-chefs élitistes vivant dans les villes. Des problèmes liés aux lois, aux rôles et aux responsabilités de toutes les parties en jeu tels que les sujets et le roi. Pour finir il y a les divergences de croyances et de valeurs culturelles ou politiques. Cette socioculture Bendjia est hétéroclite nous avons les chrétiens catholiques, les protestants, les animistes, les gens de l'opposition et même ceux qui soutiennent le pouvoir étatique sur place. La division de Bendjia en deux est la conséquence aussi de cette dynamique du pouvoir traditionnel à Bendjia.

La division du village Bendjia en Bendjia 1 et 2 conduit à de nombreux problèmes de coordination et cause beaucoup de division au sein de la communauté d'ailleurs de même souche. Or, avant cette scission, tout marchait bien et le mode de vie est celui de la vie communautaire. Rien ne peut appartenir à une personne sans appartenir à l'autre. Le problème du village reste un problème de tous et non individuel.

2.1. Le pouvoir traditionnel en mutation

Toute étude sur les crises en vient à buter sur un problème de définition et de compréhension fondamentale : qu'entend-on par crise ?

Étymologiquement, le mot crise vient du grec *krisis*, décision. Dans la littérature, nous trouvons les sens de décider, trancher, juger, estimer ou expliquer. A la suite de ce sens de décision, de jugement, le mot crise a désigné, en médecine, la phase d'une maladie pendant laquelle on assiste à un changement rapide dans l'évolution du mal. Il est juste de noter que souvent cette phase annonce aussi une phase de guérison. La connotation négative de la crise est apparue plus récemment, et est à rattacher aux domaines politiques.

Dès qu'il y a crise, la dynamique à l'œuvre est le facteur stratégique par excellence. Le principe ainsi défini a subi une profonde altération suite aux évolutions profondes imposées à l'Afrique par le pouvoir colonial et par le système néocolonial actuel. Cela dit, quand la crise est dans une société, des stratégies sont mises en place pour pouvoir lutter contre ce changement. Dans le système colonial, sous sa duplicité administrative et religieuse, l'institution du pouvoir traditionnel a perdu son indépendance, son pouvoir de la créativité et sa gestion même de la socio culture. Elle a été livrée à des manœuvres de déstabilisation où certains chefs ont été installés à la place des autres, en fonction des intérêts et des diktats des autorités dominantes. La figure du Chef a perdu à la fois de son aura sacrale et de sa capacité d'impulsion des dynamiques de créativité. On a assisté à l'émergence des systèmes locaux où l'autorité n'obéissait plus à l'éthique fondamentale de la chefferie et se soumettait sans scrupule aux desiderata des maîtres. Dans sa substance même, le pouvoir du terroir a été humilié, subverti, cassé dans ses ressorts vitaux.

Les pouvoirs néocoloniaux qui ont remplacé les colons ont vite fait d'inscrire les chefferies dans la même dynamique de soumission. C'est ainsi que, juridiquement, les chefferies sont aujourd'hui une courroie de transmission entre les autorités administratives et leurs communautés. Malgré leur apparat folklorique et une certaine adhésion de leur peuple à la figure et aux valeurs ancestrales qu'ils représentent, les chefs traditionnels ont tendance à être transformés soit en marionnettes du pouvoir néocolonial, ou marionnettes du chef de l'Etat et de son système. Sous l'emprise de la boulimie d'argents, ces chefs se sont rendus vulnérables et corruptibles, au point qu'ils vendent aujourd'hui des titres de notabilités à des personnages sortis du néant, des hommes que seule la puissance financière propulse à l'avant-plan de la scène sociale sans qu'aucune consistance éthique ou spirituelle ne le destine à une quelconque noblesse, que même les gens au village refusent leur présence dans cette chefferie mais continuent par le biais de cette force économique à chercher ces différents titres. Beaucoup de chefs ont perdu l'âme de leur fonctionnement et tournent à vide. Dans l'imaginaire de la nouvelle pseudo-élite avec une accumulation ostentatoire de richesse et de l'intelligentsia progressiste et moderniste africaine, ils ne sont plus que des survivances qui ne font en aucun cas et ne peuvent se comparer à d'autres chefs traditionnels. Cette évolution est catastrophique pour la société parce qu'elle coupe le peuple de ses propres racines et précipite les pays africains dans une modernité où ils n'ont plus de repères pour bâtir l'avenir sur une identité culturelle qu'il faut. Dans un tel contexte, la question de la renaissance et de la redynamisation des chefferies traditionnelles se pose avec urgence dans nos sociétés[26].

Dans la socioculture Bendjia nous assistons à une décadence sans pareil. Cette décadence va de la déstabilisation du système traditionnel du pouvoir, du non-respect des lois et règles établies, de la division de la socioculture Bendjia en deux villages et entraîne l'exode des jeunes vers les grandes villes du pays ou vers les pays frontaliers le Cameroun, la Centrafrique et le Nigeria.

Cette déchéance peut avoir plusieurs causes. Le mauvais caractère du chef qui est parfois installé sans être intronisé suivant les normes sociales

[26]Héritier Mambi Tunga-Bau, Pouvoir traditionnel et pouvoir d'Etat en République Démocratique du Congo. Esquisse d'une théorie d'hybridation des pouvoirs politique, RDC, Medias Paul, 2010

ancestrales. On constate également que parfois, s'il y a la présence d'un sorcier dans le village et que les jeunes décident de le faire partir mais le chef de village ne donne pas un avis favorable, ils préférèrent quitter le village que de rester de peur d'être tués par ce dépositaire de pouvoir malveillant. Plus souvent ces personnes accusées de sorcellerie donnent des moyens financiers aux chefs de village pour ainsi lui dicter leur loi. Si le chef n'est pas impartial lors qu'il traite des problèmes quand il est pris comme juge et qu'il prend parti cela va décourager plus d'un et entrainera une non-participation des jeunes aux travaux pour le développement du village. Quand les groupements doivent donner des produits ou faire des travaux pour le compte du développement du village certaines personnes vont s'investir mais d'autres ne le font pas car, ils se disent que le fruit de ce travail sera détourné du but principal. Tout ceci entraine des changements parfois dans la structure même de la chefferie. Jadis, le chef décide pour un travail, il y a exécution directe mais maintenant non, il n'y a plus respect de l'ordre donné par les chefs de villages. Il y a eu assez de changements, avant il y a respect des lois, le respect de l'interdit mais maintenant tout est bafoué.

Avant, les populations peuvent donner des choses au chef quand les hôtes arrivent chez lui pour qu'il puisse les accueillir mais maintenant ce n'est pas le cas. Le chef gouverne avec ses moyens et ne peut compter que sur ses biens et non sur ceux des populations pour accueillir les hôtes. Beaucoup de problèmes peuvent surgir dans le cadre des partages des biens et revenus de la socioculture. Un sondage a été effectué pour déterminer l'effectivité du pouvoir traditionnel dans la socioculture Bendjia en proie au changement. Le questionnaire a été administré sur un échantillon de 50 individus. Ce tableau représente la perception des individus du pouvoir traditionnel Bendjia.

Tableau 4 : Perceptions des Bendjia du pouvoir traditionnel

Rôle	Oui	Non
Incarnation de la culture	95 %	5 %
Porte-parole de son peuple	40 %	60 %
Porte-parole des ancêtres	95 %	5 %
Élaborer les lois coutumières	50 %	50 %
Maintenir la loi et l'ordre	70 %	30 %
Gestion des conflits	80 %	20 %
Contribution à la prospérité du pays	30 %	70 %

2.2. La revalorisation du pouvoir traditionnel

Le pouvoir traditionnel, à force de connaître une crise qui touche son fondement et ses valeurs intrinsèque, cherche par tous les moyens de retrouver son aura perdu. Cela concerne à la fois la fécondité de la mémoire vitale propre à chaque socioculture, la crédibilité du pouvoir issu de nos terroirs et le sens de l'avenir même de nos sociétés. Fopoussi Fotso[27] sent fortement ces enjeux lorsqu'il pose le problème de la vie et de la mort des chefferies traditionnelles sous forme d'une dialectique radicale. Dans cette dialectique, la thèse consiste à affirmer que nos chefferies sont nécessaires parce qu'elles sont des lieux où notre mémoire vitale est conservée, des espaces des liens profonds entre les membres

---

[27]Fopoussi Fotso Faut-il bruler les chefferies ? 1991

d'une communauté qui se reconnaissent une destinée commune et des sillons où les Etats modernes peuvent semer avec fécondité de nouvelles idées pour changer nos pays. L'antithèse, c'est d'affirmer que nos chefferies sont affaiblies et dépassées par les évolutions de la société, qu'elles sont stériles face à « la nécessité de bâtir un Etat moderne, démocratique et uni, et qu'elles n'offrent plus à notre jeunesse de vrais rêves d'avenir »[28]. Le chef reste le centre du pouvoir traditionnel. L'origine coutumière du pouvoir doit être maintenue pour assurer la stabilité et la continuité de l'Etat si ce dernier arrive à s'affaiblir. Nous comprenons cela par un retour à nos systèmes de gouvernances traditionnelles, issus du passé glorieux où l'on parle des grands empires. L'empire du Ouaddaï, le Kanem Bornou, les grandes chefferies Douala, la chefferie de Fianga et les grands lamidats du Nord Cameroun qui ont existé bien avant l'arrivée des missions colonisatrices dévastatrices.

De tout ce qui précède, pour que la chefferie traditionnelle puisse revivre ou survivre suite à cette dynamique, à ce changement, à cette épreuve du temps, elle devra être repensée et réinventée dans son énergie comme acceptant le changement ou en l'intégrant dans son évolution où l'Afrique peut relire son passé, construire son présent et imaginer son futur dans une dynamique intra culturelle même si nos sociétés vivent maintenant avec des emprunts culturels. Dans la mesure où l'on peut, grâce à la mémoire vitale que les chefferies représentent encore malgré les dérives et les trahisons, proposer un projet de nouvelle humanité à notre jeunesse et au monde à partir des valeurs et des richesses qui fondent la vision africaine du monde, le système du pouvoir et d'autorité que représentent nos chefs n'est pas une institution stérile et désuète. Elle est encore un ferment d'avenir dont il dépend de nos chefs de redynamiser la vitalité.

Tous les maillons constituant les chefferies doivent être reconstitués en y intégrant les nouveaux faits de sociétés. Ce caractère héréditaire du

---

[28]Idem

pouvoir doit être adjoint des conditions du modernisme c'est-à-dire il y aura une élection pour chaque membre de famille voulant devenir roi. Ces élections mis à jours peuvent encore créer d'autres situations qui pourront écarter définitivement les descendants des rois de la chance de devenir roi à leur tour. Dans ces élections ceux qui ont assez d'argents c'est-à-dire le pouvoir économique, l'utiliseront pour écarter à tout jamais les héritiers du trône. Il convient pour cela que toutes les forces vives de nos sociétés les redécouvrent, les revoient comme faisant partie de nos histoires singulières en vue de refaire de ces systèmes tant convoités avant la colonisation en parlant de nos royaumes celles du Ouaddaï, du Kanem et Fianga ou simplement les redonner leur aura d'antan.

Bibliographie

➢ Abouna, P, Le pouvoir de l'ethnie paris, L'Harmattan, 2011

➢ Abouna, P, La naissance, l'histoire et le développement de la culture. Pré-culture, culture et post-culture, Paris, L'Harmattan, 2015

➢ Adler, A, Le pouvoir et l'interdit. Royauté et religion en Afrique noire, Paris, Albin Michel, 2000

➢ Akam, Le social et le développement en Afrique, L'Harmattan, 2009

➢ Amselle, J-L et M'Bokolo, E, Au cœur de l'ethnie : Ethnies, tribalisme et Etat en Afrique, Paris, La Découverte/Poche, 2005

➢ Apthorpe, R, From tribal rule to modern government. Lusaka, the Rhodes-Livingstone Institute. 1959

➢ Apter, D-E, The political kingdom In Uganda. A study in bureaucratic nationalism. Princeton (N.J.), Princeton University press, 1961.

➢ Balandier, G, « Le contexte sociologique de la vie politique en Afrique noire ». Revue française de science politique, sept. 1959 : 598-608.

➢ Balandier, G, « Le sacré par le détour des sociétés de la tradition. » 1996

➢ Bonny, Y, Sociologie du temps présent : modernité avancée ou postmodernité ?, Paris, Armand Collin, 2004

➢ Bourdieu, P, Langage et pouvoir symbolique, Paris, Fayard, 2001

➢ Burdeau, G, L'Etat, Paris, Seuil, 1970

➢ Cartry, M, « Tradition et changement dans le Royaume du Bouganda ». Revue française de science politique, mars 1963

➢ Claude-Hélène, P, *Les Anyi-Ndenye et le pouvoir aux XVIIIe et XIXe siècles, paris 1982*

➢ Carter (G. CI), Brown (W.O.) « Transition in Africa », Studies in political adaptation. Boston, Boston University press, 1958

➢ Crozier M. et Friedberg E. : L'acteur et le système, Editions du Seuil, 1977

➢ Denis-Constant Martin, *Cartes d'identité. Comment dit-on « nous » en politique ?*, Paris, Presses de la FNSP, I994, p. 32.

➢ Foucault M. : "Le sujet et le pouvoir" dans Dits et écrits, tome IV, Gallimard, Bibliothèque des sciences humaines (p. 222-243)

➢ Fopoussi, F, Faut-il bruler les chefferies ? 1991

➢ Héritier Mambi Tunga-Bau, Pouvoir traditionnel et pouvoir d'Etat en République Démocratique du Congo. Esquisse d'une théorie d'hybridation des pouvoirs politique, RDC, Medias paul, 2010

➢ Heusch, L, Du pouvoir. Anthropologie politique des sociétés d'Afrique centrale, Société d'ethnologie, Nanterre, 2002

➢ Lewis (I.M.), Modern political movements in Somaliland. London, Oxford University press, 1958. (International African Institute.)

➢ MAIR, Primitive Government, London, 1962

➢ Mappa, S, pouvoirs traditionnels et pouvoir d'Etat en Afrique. L'illusion universaliste, Paris, Karthala, 1998Motaze

➢ Mauss, M, Les fonctions sociales du sacré, Paris, Edition de Minuit, 1968

➢ SEIGNOBOS C. & TOURNEUX H., 2001, Contribution à l'histoire des Toupouri et de leur langue, in R. Nicolaï (éd.), Leçons d'Afrique : Filiations, ruptures et reconstitution de langues, Louvain-Paris, Peeters, pp. 255-284

➢ Weber, M., L'économie et société. Les catégories de la sociologie, tome 1, Pocket, Paris, 1995

Résolution 1325

Les efforts de paix et de sécurité sont plus durables lorsque les femmes sont des partenaires à part entière dans la prévention des conflits violents, l'acheminement des secours et les efforts de redressement et dans la consolidation d'une paix durable (résolution 1325, 200)

Par JOSIANE DARWATOYE

Activiste, Chercheure en Genre, Paix et Sécurité
Actions des femmes en matière de prévention
de l'extrémisme violent : En quoi est-ce pertinent ?

Résumé

La croyance populaire veut que les femmes ne soient que des victimes de l'extrémisme violent ; pourtant, les récentes tendances terroristes dans la région du Sahel et du bassin du lac Tchad indiquent que les femmes s'éloignent progressivement de la trame de victimes pour endosser des rôles plus actifs ou " de combattants " au sein des groupes extrémistes. Par conséquent, si les femmes sont à la fois victimes et auteurs de conflits, elles peuvent à l'inverse être des acteurs clés dans la prévention et la lutte contre l'extrémisme violent à tous les niveaux et capacités. Le présent article fait valoir que l'étendue des fonctions que les femmes peuvent remplir s'étend à tous les aspects de la prévention et de la lutte contre l'extrémisme violent et s'appuie sur les meilleures pratiques du terrain pour fournir des recommandations clés pour une participation significative et active des femmes dans les stratégies de prévention de l'extrémisme violent et dans l'élaboration des politiques.

Mots-clés : Extrémisme violent, Femmes, Terrorisme, Prévenir et lutter contre l'extrémisme violent, Genre

Contexte

L'année 2020 marque le 20ᵉ anniversaire de la résolution 1325[29] du Conseil de sécurité des Nations unies sur les femmes, la paix et la sécurité, qui reconnaît formellement que "les efforts de paix et de sécurité sont plus durables lorsque les femmes sont des partenaires à part entière dans la prévention des conflits violents, dans les opérations de secours et de redressement et dans la consolidation d'une paix durable" et appelle les États membres des Nations Unies à impliquer de manière active les femmes dans tous les aspects des initiatives de paix et de sécurité, y compris la prévention de l'extrémisme violent, en toutes capacités et à tous les niveaux. Pourtant, à ce jour et malgré les rôles importants que de nombreuses femmes jouent dans la lutte contre l'extrémisme, leurs efforts restent entravés par des défis importants. Cela est dû en grande partie aux pratiques traditionnelles et aux normes institutionnelles qui sont souvent discriminatoires à l'égard des femmes. En fait, dans la plupart des sociétés, les femmes représentent le "sexe faible" en tant que tel, historiquement ; elles ne sont pas considérées comme un problème ou une solution au terrorisme. C'est d'ailleurs un fait que des groupes extrémistes tels que Boko Haram a rapidement exploité, comme en témoigne le recours croissant aux femmes

---

[29]United Nations, (2000). United Nations Security Council Resolution 1325 on Women, Peace & Security. Tiré de: http://www.un.org/womenwatch/osagi/wps/#resolution.

kamikazes et aux tactiques de recrutement ciblées dans la région du Sahel et du bassin du lac Tchad. Dans ce contexte et alors que l'accent mis sur l'extrémisme violent évolue vers une approche plus préventive et holistique, il est clairement utile de donner aux femmes et aux filles les moyens de participer de manière significative aux initiatives de lutte et de prévention de l'extrémisme violent dans leur communauté immédiate et de par le monde.

1. Justifier l'implication des femmes dans la prévention l'Extrémisme Violent

Dans la lutte et la prévention de l'extrémisme violent, un discours qui fait encore écho porte sur la légitimé de l'intervention des femmes dans la lutte et la prévention de l'extrémisme violent, un domaine qui demeure largement dominé par des hommes. Cela soulève la question de savoir si la participation des femmes a un impact sur le résultat global des efforts de préventions et lutte contre l'extrémisme violent. En effet, une hypothèse largement répandue est que les terroristes ont toujours été des hommes. Cela s'explique en grande partie par le petit nombre de femmes terroristes, par les stéréotypes sexistes et par le fait que les femmes ont généralement, jusqu'à tout récemment, été totalement exclues des études sur le terrorisme. Au début des années 2000, les femmes font enfin leur apparition dans le champ de l'extrémisme violent suite à l'émergence des groupes terroristes à travers le moyen orient et l'Afrique du Nord mais une fois de plus dans une position de désavantage.[30]

---

[30]Bourekba, 2020. Overlooked and underrated? The role of youth and women in preventing violent extremism. Tiré de:

Elles sont présentées quasi-exclusivement en tant que victime. En réalité, cependant, les femmes ont toujours fait partie des mouvements terroristes, à la fois comme partisanes et comme combattantes. Par exemple, dans la dernière "Vague de religion", les femmes ont joué de nombreux rôles, allant de personnel de soutien aux véritables auteurs d'actes de terreur dans les insurrections et les soulèvements au Pakistan, en Inde, au Sri Lanka, en Tchétchénie, en Afghanistan, en Palestine, en Syrie, en Irak, au Yémen et au Kenya[31]. Aussi, près d'un attentat sur cinq perpétré en Europe entre 2014 et 2017 (142 attentats au total) mettait en scène des femmes.[32] Une proportion similaire de femmes (20 %) a été arrêtée dans l'Union Européenne en 2018 pour suspicion d'infractions liées au terrorisme.[33]

Dans certains cas, les organes de sécurité ont démantelé des cellules terroristes exclusivement féminines. Bien que des données officielles restent limitées pour la région du Bassin du Lac Tchad, entre les enlèvements de Chibok en avril 2014 et octobre 2015, il y a eu près de 90 attaques dont les auteurs étaient des femmes au Nigeria[34]. Ces attaques ont

---

https://www.cidob.org/en/publications/publication_series/notes_internaciona ls/240/overlooked_and_underrated_the_role_of_youth_and_women_in_prev enting_violent_extremism

[31]Gentry & Sjoberg, 2016, p. 149. In J. Richard (Ed.), Handbook of critical terror- ism studies (pp. 145–155). Abingdon, UK: Routledge.

[32] Simcox, 2017. European Islamist Plots and Attacks Since 2014—and How the U.S. Can Help Prevent Them. Tiré de: https://www.heritage.org/sites/default/files/2017-08/BG3236.pdf

[33] Bourekba, 2020. Overlooked and underrated? The role of youth and women in preventing violent extremism. Tiré de: https://www.cidob.org/en/publications/publication_series/notes_internaciona ls/240/overlooked_and_underrated_the_role_of_youth_and_women_in_prev enting_violent_extremism

généralement visé des "cibles faciles", telles que des marchés, des mosquées et des dépôts de bus, et ont eu lieu dans des lieux urbains. Boko Haram, comme d'autres groupes terroristes, a utilisé des femmes parce qu'elles attirent moins l'attention et sont moins susceptibles d'être fouillées que les hommes. De nombreux exemples d'attaques terroristes menés par de femmes kamikazes peuvent également être cités au Tchad, d'où l'attaque d'Aout 2019 à KaïgaKindjiria dans la province du Lac Tchad où une kamikaze s'est fait exploser en faisant six morts, dont un militaire[35]. Comme on peut le constater, les femmes ne sont pas seulement victimes mais aussi auteurs d'actes de terreur. Aborder les femmes uniquement en tant que victimes de l'extrémisme violent permet non seulement d'ignorer les innombrables rôles joués par les femmes au sein de ces groupes, mais aussi de négliger le large éventail de motivations qui sous-tendent leurs décisions de rejoindre ces groupes. Une telle perspective renforce les stéréotypes sexistes et conduit ensuite à des réponses politiques inadéquates à la radicalisation féminine. Comme dans le cas des jeunes, la recherche sur les facteurs spécifiques aux femmes est donc essentielle pour mieux comprendre la radicalisation féminine. Sans cela, les efforts de prévention de l'extrémisme violent risquent de continuer à considérer les

---

34 Bloom, M., & Matfess, H., (2016). Women as Symbols and Swords in Boko Haram's Terror. *Prism,* 6(1), 105-121. Tiré de: https://www.inclusivesecurity.org/publication/women-as-symbols-and-swords-in-boko-harams-terror /

[35]Kodmadjingar, 2019. Une femme kamikaze se fait exploser et tue six personnes à Kaïga-Kindjiria. Tiré de :https://www.voaafrique.com/a/une-femme-kamikaze-se-fait-exploser-et-tue-six-personnes-%C3%A0-%C3%A0-ka%C3%AFga-kindjiria/5041648.html

femmes comme de simples "groupes cibles" au lieu de partie prenante intégrale des efforts de prévention de l'extrémisme violents.

2. De victime à partie prenante intégrale : Le rôle des femmes dans la lutte contre l'extrémisme violent

En fait, en raison de leur rôle dans la société, les femmes à travers le monde influencent leurs communautés d'une manière très particulière. Aussi, les recherches montrent qu'elles ont été identifiées comme une ressource importante dans la sphère de la consolidation de la paix et de la prévention des conflits depuis le milieu du XXe siècle. Avec leurs multiples responsabilités au sein de la communauté - notamment dans la gestion des ressources telles que l'eau et la nourriture - les femmes sont bien placées pour sentir et voir les signes avant-coureurs d'un conflit. Dans son livre Women Building Peace, Sanam Naraghi présente l'argument suivant :

> " La communauté internationale, dominée par les bureaucraties multilatérales et les grands pays industriels, a commencé à s'intéresser aux femmes mais semble incapable de faire face à la réalité complexe de leurs expériences. Le pendule oscille à l'extrême. D'une part, les femmes sont vulnérables, passives, incapables de se protéger, inévitablement victimes d'abus physiques et sexuels, et ont besoin de protection. D'autre part, les femmes sont la panacée, le rempart interne contre l'extrémisme ; leur participation politique est la solution à tous les maux, en particulier ceux du militantisme religieux[36]."

---

[36]Sanam Naraghi (2017). Women Building Peace. New York, NY: Lynne Rienner Publischers, Inc.

Au Kosovo, par exemple, les femmes ont été les premières à exprimer leur inquiétude quant au fait que les hommes amassaient des armes et s'entraînaient au combat en 1998[37]. Ces signes ont été signalés bien avant que la violence n'éclate et ont joué un rôle clé dans la mise en place d'un mécanisme de réponse approprié. En outre, les femmes peuvent également être des acteurs clés dans la lutte contre le discours extrémiste au sein de leurs communautés, si elles sont convenablement impliquées.

En effet, dans leurs rôles plus traditionnels de mères, d'épouses, de sœurs et de dispensatrices de soins, les femmes peuvent être des voix efficaces pour contrer le discours extrémiste, en s'exprimant en tant que victimes du terrorisme et/ou en tant que membres de la famille qui subissent les effets néfastes et préjudiciables des actions terroristes. Si elles sont dotées des compétences nécessaires pour reconnaître les signes avant-coureurs de la radicalisation, les femmes peuvent apporter les compétences de pensée critique et l'environnement nécessaires pour protéger la communauté. Selon Fink et al (2013, p.32), "elles sont plus susceptibles de détecter et de dissuader les violations des droits de l'homme, de s'abstenir de recourir à une force excessive et de modérer les tensions".[38] Des études ont également montré que les

---

[37]Organization for Security and Co-operation in Europe, (2019). Understanding the Role of Gender in Preventing and Countering Violent Extremism and Radicalization That Lead to Terrorism Good Practices for Law Enforcement. Tiré de: https://www.osce.org/secretariat/420563?download=true

[38]Fink and al, (2013).The Roles of Women in Terrorism, Conflict, and Violent Extremism Lessons for the United Nationals and International Actors. Tiré de: http://www.globalct.org/publications/the-roles-of- women-

survivants de violences sexuelles et basées sur le genre sont plus susceptibles de se confier à des officiers de sexe féminin. Par ailleurs, il existe également des cas où seules des femmes policières peuvent être les premières à intervenir dans la prise en charge des femmes victimes d'attaques terroristes. Selon le National Center for Women & Policing aux États-Unis, les femmes officiers reçoivent des évaluations plus favorables et moins de plaintes de citoyens, ce qui les met potentiellement en meilleure position pour développer une police orientée vers la communauté.[39]

En sommes, si les femmes occupent des postes de direction, les politiques sont davantage susceptibles d'adopter une approche sociétale et intégrale. C'est en raison de ce rôle positif que l'article 1 de la résolution 1325 du Conseil de sécurité des Nations unies "exhorte les États Membres à assurer une représentation accrue des femmes à tous les niveaux de la prise de décisions dans les institutions et mécanismes nationaux, régionaux et internationaux pour la prévention, la gestion et le règlement des conflits". Les femmes peuvent être des interlocuteurs essentiels entre les institutions gouvernementales, y compris les forces de l'ordre et les communautés, en particulier en aidant à identifier les activités inhabituelles et les pratiques néfastes au sein de la communauté. Elles peuvent exprimer les besoins et les défis auxquels elles sont confrontées dans leur contexte spécifique,

in-terrorism-conflict-and-violent-extremism- lessons-for-the-united-nations-and- international-actors/

[39]The Georget own Institute for Women, Peace, and Security and The McCain Institute, (2013). Women, Terrorism, and Counterterrorism. Tiré de: http://giwps.georgetown.edu/story/1242744755472.html.

permettant ainsi des approches plus adaptées et plus centrées sur les populations dans la conception des stratégies de lutte contre le l'extrémisme violent. En tant que décideurs, les femmes peuvent également interagir avec les représentants locaux des forces de l'ordre et les alerter sur les questions de sécurité liées au genre. Mais en pratique, à quoi ressemblerait l'inclusion significative des femmes dans les initiatives de lutte et de prévention de l'extrémisme violent ?

3. Bonnes pratiques des rôles joués par les femmes dans la prévention de l'extrémisme violent à travers le monde.

En matière de police de proximité respectueuse du genre, le modèle Jendouba en Tunisie est un bon exemple de collaboration entre les communautés et les forces de l'ordre. En réponse aux attaques terroristes de 2015 en Tunisie, le ministère tunisien de l'intérieur, soutenu par le gouvernement néerlandais et l'équipe de lutte contre l'extrémisme d'Aktis Strategy, a développé un modèle de police de proximité en 2017. Ce programme aide les policiers locaux à inclure une analyse du genre dans leurs analyses de sécurité communautaire afin de s'assurer qu'ils tiennent compte des préoccupations et expériences sécuritaires des femmes aussi bien que des hommes et des garçons ainsi que des filles. Le projet Jendouba s'est basé sur les conclusions du rapport de l'OCSE de 2018[40] :

---

[40]Organization for Security and Co-operation in Europe, (2019). **Understanding the Role of Gender** in Preventing and Countering Violent Extremism and Radicalization That Lead to Terrorism Good Practices for Law Enforcement. Tiré de:

1- Les femmes officiers de liaison communautaire sont aussi engagées que leurs collègues masculins et dirigent les opérations au même titre que ces derniers, dans les limites de leur grade et de leurs tâches quotidiennes ;

2- Dans l'ensemble, les jeunes femmes qui servent de mentors sont aussi engagées et influentes, sinon plus, que leurs homologues masculins, et elles s'acquittent mieux de leurs tâches, ce que leurs homologues masculins ont bien accueilli ;

3- Il y a des signes d'intégration des perspectives et des capacités des femmes dans les plans de prévention au niveau local et les activités des équipes d'encadrement des jeunes impliquent spécifiquement les femmes et les organisations de femmes dans les mesures de prévention en amont.

4- En Afrique de l'Est, des ONG féminines telles que Women in International Security-Horn of Africa (WIIS) et Sisters Without Borders jouent un rôle important dans l'éducation et la mobilisation des femmes touchées par l'extrémisme violent au Kenya. Ayant pour objectif de renforcer les capacités des femmes dans les communautés locales et de faire progresser le développement professionnel des femmes dans le domaine de la paix et de la sécurité, le WIIS soutient également les réseaux de femmes travaillant sur la prévention de l'extrémisme violent. Grâce à une série de tables rondes sur le genre, la paix et la sécurité, le WIIS continue d'offrir des

---

opportunités aux femmes praticiennes et aux décideurs politiques d'œuvrer ensemble pour remédier aux causes profondes de l'extrémisme violent dans leur contexte spécifique[41]. Ces plateformes facilitent l'échange de connaissances entre les femmes dans une multitude de contextes touchés par l'extrémisme violent.

5- Dans sa tentative de mobiliser les communautés, y compris les femmes, dans la lutte contre l'extrémisme violent, l'expérience du Maroc en matière de prévention de l'extrémisme violent est considérée pour beaucoup comme un modèle de réussite. Cela est principalement dû au renouvellement stratégique des réformes juridiques et d'autres programmes progressistes de lutte contre l'extrémisme violent que le pays a adoptés pour autonomiser les femmes sur le plan social, politique et économique. L'établissement de prédicatrices ou " mourchidates " en 2005 par le ministère des Habous et des Affaires islamiques a permis de s'attaquer à certaines des causes profondes de l'extrémisme violent dans les communautés en encourageant la modération et la tolérance religieuses pour freiner la radicalisation[42]. Cette évolution révolutionnaire pour

---

[41]Organization for Security and Co-operation in Europe, (2019). Understanding the Role of Gender in Preventing and Countering Violent Extremism and Radicalization That Lead to Terrorism Good Practices for Law Enforcement. Tiré de:
https://www.osce.org/secretariat/420563?download=true
[42]Krista, London Coututre, (2014). A Gendered Approach to Countering Violent Extremism: Lessons Learned from Women in Peacebuilding and Conflict Prevention Successfully in Bangladesh and Morocco. Tiré de:

la promotion des femmes au Maroc a offert aux femmes la possibilité d'agir en tant qu'agents clé dans la prévention contre l'extrémisme violent au niveau local et national. En plus de leur tâche principale qui est de promouvoir une version plus tolérante et plus libérale de l'Islam, les mourchidates s'engagent également auprès des jeunes (8-22 ans) après l'école, fournissent des compétences aux femmes et travaillent dans le système carcéral avec les détenues à Rabat et Casablanca. Depuis la première promotion en 2006, un grand nombre de femmes ont obtenu leur diplôme (Hedaya) et le programme a reçu une reconnaissance considérable du monde arabe et de la communauté internationale dans son ensemble

6- Développé sur la base des résultats d'une étude menée par l'ONG WWB au Pakistan, en Israël, en Palestine, en Irlande du Nord et au Nigeria en 2013, le modèle des écoles maternelles rassemble les mères concernées et renforce leurs capacités en matière de compétences personnelles, de communication et de parentage afin qu'elles puissent reconnaître et réagir aux signes avant-coureurs d'une possible radicalisation de leurs enfants. Selon l'aperçu de la WWB 2018, rien qu'en 2017, l'initiative a été déployée dans 8 pays (Autriche, Belgique, Allemagne, Jordanie, Macédoine, Tanzanie, Ouganda et Royaume-Uni) et plus de 1 800 mères et 40 enseignants ont reçu une formation sur le récit

---

https://www.peacewomen.org/assets/file/Resources/NGO/a_gendered_appro
ach_to_countering_violent_extremism.pdf

antiterroriste et les signes avant-coureurs de la radicalisation[43].

4. L'inclusion des femmes dans la prévention de l'extrémisme violent dans le Bassin du Lac Tchad

Malgré l'avancé de la participation des femmes dans la prévention de l'extrémisme violent, les femmes dans le Bassin du Lac Tchad jouent encore très peu de rôle dans la construction de la paix. En effet, les initiatives en faveur de la paix et de la prévention des conflits, pensées et mises en œuvre par les femmes tant à l'échelle communautaire, nationale, régionale que continentale, se comptent sur le bout des doigts. Il est dès lors indispensable de leur donner la parole et de les faire participer à toutes les initiatives visant à fournir une assistance et une protection appropriées et efficaces non seulement à elles-mêmes, mais aussi à leurs enfants et leurs familles. Leur implication dans la construction et la consolidation de la paix est un facteur clé de succès, de changement social et économique.

A titre d'exemple, une dynamique forte a été enclenchée au Cameroun par l'organisation de la société civile MediaWomen4Peace : en mars 2017, elle a réuni quelques femmes ayant fui les localités frontalières sinistrées du Nord

---

[43]Krista, London Coututre, (2014). A Gendered Approach to Countering Violent Extremism: Lessons Learned from Women in Peacebuilding and Conflict Prevention Successfully in Bangladesh and Morocco. Tiré de: https://www.peacewomen.org/assets/file/Resources/NGO/a_gendered_appro ach_to_countering_violent_extremism.pdf

du Cameroun pour trouver refuge dans les villes sécurisées ; après trois jours d'entretiens empreints d'émotions et d'espoir, ces dernières ont décidé de s'investir dans la prévention de l'extrémisme violent dans le cadre d'une association qu'elles ont dénommée « le cœur d'une mère ».[44]

Recommandations

Même si les réalisations et les expériences des femmes en matière de prévention et de lutte contre l'extrémisme violent sont souvent rendues invisibles, elles restent des parties prenantes essentielles. Les différents rôles qu'occupent les femmes dans le spectre de prévention et de lutte contre l'extrémisme violent doivent être analysés de manière critique et exploités pour générer des politiques et des stratégies éclairées pour surmonter la menace posée par l'extrémisme violent et le terrorisme à l'échelle mondiale. Pour ce faire, les points suivants devraient être pris en compte :

- Les femmes ne représentent pas un groupe homogène qui suit une ligne d'action unique. Comme le souligne à juste titre Elin Bjanegard (2000)[45], « les femmes n'opèrent pas dans le vide», pourquoi les politiques visant à d'avantage impliquer les femmes dans la prévention de l'extrémisme

---

[44] CEIDES, 2017. https://reliefweb.int/sites/reliefweb.int/files/resources/rapport_final.pdf

[45] The Georget own Institute for Women, Peace, and Security and The McCain Institute, (2013). Women, Terrorism, and Counterterrorism. Tiré de: http://giwps.georgetown.edu/story/1242744755472.html.

violent devraient-elles le faire? Les expériences, motivations et capacités des femmes sont uniques et diffèrent d'une communauté à l'autre et d'un foyer à l'autre au sein de cette même communauté. L'âge, la classe sociale et l'appartenance idéologique sont des éléments clés qui doivent être pris en compte lors de l'engagement avec les femmes sur des questions liées à la prévention de l'extrémisme violent afin d'éviter la réplication des stéréotypes généralement associés aux femmes et aux conflits.

-   Les femmes seules ne peuvent pas changer leurs communautés. La fonction des femmes dans les structures familiales doit être complétée par une compréhension de la fonction intégrale que les hommes adultes de la famille occupent dans la vie des adolescents. Selon l'OCSE (2018)[46], dans de nombreux cas, les hommes de la famille ont des relations plus directes avec les jeunes hommes et garçons plus jeunes. C'est également un facteur qui démontre la nécessité d'une sensibilisation globale au genre pour être en mesure de détecter les changements et les influences potentiellement néfastes dans une société, en particulier sur les enfants et les jeunes. Une fois identifiés, les modèles masculins pourraient travailler avec des groupes de femmes pour construire des structures d'accueil plus saines au sein des communautés ;

---

[46]Organization for Security and Co-operation in Europe, (2019). Understanding the Role of Gender in Preventing and Countering Violent Extremism and Radicalization That Lead to Terrorism Good Practices for Law Enforcement. Tiré de: https://www.osce.org/secretariat/420563?download=true

- Les femmes ne sont pas intrinsèquement des spécialistes des questions de genre. En fait, le genre qui fait référence aux rôles attribués aux hommes et aux femmes dans une société donnée a tendance à être assimilé aux féminismes. En conséquence, les conversations sur le genre incluent encore rarement les hommes. Un rapport du Groupe indépendant de haut niveau des opérations de paix des Nations Unies (HIPPO)[47] a noté que l'un des défis de la mise en œuvre de la résolution 1325 du Conseil de sécurité était que l'agenda Femmes, Paix et Sécurité était principalement considérée comme une « question de femmes ». Dans le maintien de la paix, par exemple, le fait que les femmes sont plus susceptibles de signaler des actes de violence sexuelle aux officiers de sexe féminin ne signifie pas qu'elles doivent uniquement traiter de tels cas. En bref, en raison de leurs attributs biologiques, les hommes et les femmes pourraient être naturellement plus aptes à faire face à certains incidents, mais leurs compétences devraient également être prises en compte dans la détermination de leurs rôles et responsabilités dans les différents processus de paix.

---

[47]UN Women, (2015). A Global Study on the Implementation of UNSCR 1325. Tiré de: http://wps.unwomen.org

Conclusion

Les femmes offrent une perspective unique et essentielle lorsqu'il s'agit d'aborder et d'identifier les défis et les solutions en matière de prévention de l'extrémisme violent, que ce soit dans leur rôle de mère, de sœur, d'épouse, d'éducatrice, de membre des forces de l'ordre ou de décideuse, entre autres. En effet, lorsqu'elles sont autonomisées de manière significative, les femmes peuvent servir de rempart efficace contre l'extrémisme. De ce fait, l'application totale de la résolution 1325 du Conseil de sécurité des Nations unies, ainsi que les résolutions ultérieures formant l'agenda femmes, paix et sécurité constitue l'un des moyens les plus efficace de contribuer à l'inclusion et la participation égales des femmes dans le domaine de la paix et de la sécurité, tant dans leurs rôles traditionnels et moins traditionnels. La participation significative des femmes dans les processus de paix et de sécurité implique également des études et des cadres sensibles au genre et l'intégration du genre dans les stratégies prévention et de lutte contre l'extrémisme violent. Le moyen le plus efficace pour y parvenir est de s'assurer que les femmes sont impliquées à tous les niveaux de la prise de décision et participent à l'élaboration et à la mise en œuvre effective de ces politiques. Enfin, les efforts visant à éradiquer les causes profondes de l'extrémisme violent doivent continuer d'allouer des ressources appropriées pour l'autonomisation des femmes et personnes vulnérables car il n'existe pas de meilleur moyen de dissuasion à long terme contre l'extrémisme violent et la radicalisation qu'une communauté résiliente et autonome.

Références et bibliographie

➤ Alexander. Y, (2013). Terrorism in North Africa and the Sahel in 2012: Global Reach and Implications. Retrieved from: http://www.potomacinstitute.org/attachments/article/1358/Terrorism_in_North_Africa_and_the_Sahel.pdf.

➤ Fink and al, (2013).The Roles of Women in Terrorism, Conflict, and Violent Extremism Lessons for the United Nationals and International Actors. Retrieved from: http://www.globalct.org/publications/the-roles-of- women-in-terrorism-conflict-and-violent-extremism- lessons-for-the-united-nations-and- international-actors/.

➤ Hala.A (2015). Horn of Africa: There are no quick fixes in 'countering violent extremism', Open Democracy. Retrieved from:https://www.opendemocracy.net/5050/hala-alkarib/horn-of-africa-countering-violent-extremism

➤ Holmer.G, (2013).Countering Violent Extremism: A Peace Building Perspective. Retrieve from:http://www.usip.org/publications/countering-violent-extremism- peace building-perspective.

➤ Institute for Economics and Peace, (2018). 2018 Global Terrorism Index: Measuring the impact of Terrorism. Retrieved from: http://visionofhumanity.org/app/uploads/2018/12/Global-Terrorism-Index-2018.pdf

➤ Krista, London Coututre, (2014). A Gendered Approach to Countering Violent Extremism: Lessons Learned from Women in Peacebuilding and Conflict Prevention Successfully in Bangladesh and Morocco. Retrieved from:

https://www.peacewomen.org/assets/file/Resources/NGO/a_
gendered_approach_to_countering_violent_extremism.pdf

➢ Organization for Security and Co-operation in Europe, (2019). **Understanding the Role of Gender** in Preventing and Countering Violent Extremism and Radicalization That Lead to Terrorism Good Practices for Law Enforcement. Retrieve from: https://www.osce.org/secretariat/420563?download=true

➢ The White House (U.S. Government), (2011). United States National Action Plan on Women, Peace, and Security. Retrieved from:http://www.whitehouse.gov/sites/default/files/emailfile s/US_National_Action_Plan_on_Wo men_Peace_and_Security.pdf.

➢ The Georget own Institute for Women, Peace, and Security and The McCain Institute, (2013). Women, Terrorism, and Counter-Terrorism Retrieved from:http://giwps.georgetown.edu/story/1242744755472.htm l.

➢ United Nations, (2000).United Nations Security Council Resolution 1325 on Women, Peace &Security.Retrievedfrom:http://www.un.org/womenwatch/o sagi/wps/#resolution.

➢ UN Women, (2015).A Global Study on the Implementation of UNSCR 1325.Retrievedfrom: http://wps.unwomen.org

Lutte contre Boko Haram dans
La Province du Lac : Actions et défis des forces
de défense et de Sécurité et des Organisations de la Société
Civile

Par AGASSIZ BAROUM
Sociologue, Spécialiste en Genre
et Développement

Résumé

La lutte contre le groupe Boko Haram continue par mobiliser les acteurs des différents secteurs d'activités qui ne cessent de conjuguer des efforts pour renforcer la résilience et épargner la population de la province du Lac des atrocités de ce groupe extrémiste. Cet article propose une analyse de la montée de l'extrémisme violent tout en mettant en relief le rôle et les limites des forces de défense et de sécurité, ainsi que celui des OSC du Tchad face à ce phénomène. Il traitera ensuite tour à tour de l'impact des activités des FDS et celles des OSC et des défis à relever face aux attaques du groupe Boko Haram qui n'épargnent personne.

Mots clés : Forces de Défense et de Sécurité (FDS), Force Multinationale Mixte (FMM), Organisation de la Société Civile (OSC), prévention et lutte contre l'extrémisme violent, Boko Haram (BH), Lac Tchad.

Introduction

Depuis plusieurs années, le groupe Boko Haram (BH) ne cesse de multiplier des attaques meurtrières dans le bassin du Lac Tchad causant des milliers de morts, de blessés et de déplacés. Selon l'ONU, l'insurrection du groupe Boko Haram a fait 35 000 morts et près de 2000 000 de déplacés dans le nord-est du Nigeria depuis 2009. Au Tchad, depuis 2015, ce même groupe a mené plusieurs attentats suicides ayant causé des centaines de morts. L'International Crisis Group a dans son article « Boko Haram au Tchad : au-delà de la réponse sécuritaire » soutenu que « la violence déclenchée par Boko Haram avait déjà fait, début 2017, plus de 100 000 déplacés internes et 7000 réfugiés sur le sol tchadien »[48]. Les multiples efforts fournis par les autorités tchadiennes et les pays du bassin du Lac Tchad n'ont pas suffi à neutraliser ce groupe extrémiste. Nous avons pour preuve l'attentat produit le 23 mars 2020 à Bohoma dans la province du Lac, où plus de 92 soldats tchadiens ont été tués et 47 blessés dans des affrontements avec le groupe Boko Haram.

La revue 'The peace builder' dans sa parution de mars 2020 affirme que la recrudescence des attaques de Boko Haram dans la province du Lac pourrait s'expliquer par l'infiltration des éléments de BH au sein de la population fournissant en temps réel les informations sur le déplacement des personnes

[48]L'International CRISIS Group a dans son article « Boko Haram au Tchad : au-delà de la réponse sécuritaire », 08 mars 2017
[49]FUTUREX-CONSULTING, La revue The peacebuilder, de mars 2020

et les activités socioéconomiques et militaires; la complicité et le refus de certains membres de la population de dénoncer les complices de BH ; et enfin, le manque des moyens adéquats mis à la disposition des Forces de Défenses et de Sécurité (FDS) pour lutter efficacement contre ce phénomène[49]. Ainsi, se fondant sur la recrudescence des attaques terroristes menées par le groupe BH, l'on est en droit de s'interroger sur l'efficacité des efforts fournis par les pouvoirs publics pour éradiquer ce phénomène. Par ailleurs, il semble légitime de s'attarder sur le rôle des FDS ainsi que celui des Organisations de la Société Civile (OSC) dans le plan d'éradication du groupe Boko Haram dans la province du Lac. Ensuite, il sera question de présenter les principaux défis à relever par ces acteurs dans la lutte contre ce groupe extrémiste violent.

1. Les forces de défense et de sécurité et la lutte contre le groupe Boko Haram

Les pays du bassin du lac-Tchad réunis au sein de la Force Multinationale Mixte (FMM) conjuguent leurs efforts depuis plusieurs années pour lutter contre le groupe Boko Haram. La FMM a été opérationnalisé au cours de l'année 2015 afin de concrétiser l'approche collective de la lutte contre le terrorisme ainsi que la criminalité internationale dans la sous-région. A cet égard, elle opère depuis 2015 dans les régions affectées ou régulièrement attaquées par le groupe Boko Haram notamment au Tchad, au Niger, au Nigeria et au Cameroun. L'un des objectifs de la FMM est de renseigner en temps réel sur les activités de Boko Haram dans sa zone d'opération, les progrès engrangés et les défis à relever. La FMM a mené plusieurs opérations ayant pour but d'éliminer

Boko Haram des iles du Lac Tchad étendues aux zones frontalières des pays du bassin du Lac Tchad en coordination avec les forces nationales de défense et de sécurité de ces Etats en vue de créer un environnement plus sécurisé. A cet effet, la FMM combine des actions aériennes, terrestres et amphibies pour « nettoyer » les points forts du groupe Boko Haram. C'est ainsi que cette force a procédé à la destruction des enclaves des terroristes, d'ateliers de fabrication des engins explosifs ainsi que la saisie de divers matériels à savoir : des motos, des véhicules, des AK 47, des pirogues et d'autres moyens logistiques.

Photo 1 : opération de la FMM afin d'éliminer le groupe BH dans la zone du Lac Tchad
Crédit photo: FMM, secteur 2.[50]

Selon les données de la FMM de l'année 2019, la pression exercée sur les éléments du groupe Boko Haram a également

---

[50] Opération de la FMM afin d'éliminer le groupe BH dans la zone du Lac Tchad, juillet 2015. Les engins et les armes ont été saisis et brulés.

permis la reddition de 1016 terroristes dans le secteur 2 au Tchad et 16 terroristes ainsi que plusieurs de leurs complices dans le secteur 4 au Niger[51]. Compte tenu du fait que la FMM travaille en étroite collaboration avec les Forces de Défense et de Sécurité des pays du bassin du Lac Tchad, les récentes attaques menées par le groupe Boko Haram à Bohoma ont entrainé une réplique des FDS du Tchad. A cet effet, le porte-parole de l'Etat-major des Armées, le Colonel Azem Bermandoua Agouna, affirme sur les medias[52] que « l'opération colère de Bohoma » déclenchée le 31 mars 2020, a permis de mettre en déroute les terroristes de Boko Haram des iles, occasionnant 52 morts et 196 blessés du côté des FDS du Tchad et 1000 morts et 50 pirogues détruites avec plusieurs armes récupérées du côté du groupe Boko Haram. Il poursuit en disant qu'après cette opération les FDS du Tchad passeront le relai aux FDS des autres pays du bassin du Lac Tchad et à la FMM.

La situation des personnes associées à Boko Haram et celle des personnes qui se sont rendues dans la zone de la FMM en particulier semble peu reluisante en ce sens qu'elle pourrait freiner ou du moins, faire obstacle à l'augmentation du flux des rendus. En effet, les données de la FMM révèlent qu'en 2017, les secteurs 1 (Mora), 2 (Bagasola), 3 (Baga) et 4 (Diffa) enregistrent respectivement 99, 1914, 204 et 221 personnes associées à Boko Haram qui se sont rendues. Ces chiffres nous montrent que le Tchad enregistre le taux le plus élevé des personnes associées à Boko Haram qui se sont rendues. Ce résultat pourrait s'expliquer par l'approche sociale adopté par

---

[51]Archives de la FMM de l'année 2019
[52] Interview accordée à la télé-Tchad

les autorités publiques qui consiste à encourager une reddition massive des personnes en lieu et place de l'approche judiciaire retenue par les autres Etats. Selon ces mêmes sources, près de 20 000 000 de personnes ont besoin d'assistance humanitaire, 7.1 millions font face à une insécurité alimentaire et 1.4 million d'enfants sont déplacés, 515 000 d'enfants sont atteints de malnutrition sévère, au moins 30 000 enfants ont été séparés de leurs parents, plus de 9000 femmes ont été enlevées, plus de 18570 personnes capturées ou enlevées par BH de janvier 2016 à nos jours ont été sauvées par la FMM[53]. Cette situation qu'on pourrait qualifier de crise humanitaire sollicite l'intervention des Organisations Non Gouvernementale (ONG) afin de pallier à cette crise qui perdure. C'est dans cette optique que la présence renforcée des Organisation de la Société Civile (OSC) dans la province du Lac trouve toute sa justification.

2. Les Organisation de la Société Civile et la prévention de l'extrémisme violent

Au Tchad, différentes OSC mènent des activités de plaidoyer selon leur domaine d'intervention. Ainsi, l'on note des plaidoyers axés sur l'éducation, la bonne gouvernance, la santé, l'environnement, l'approvisionnement en eau et nourriture, les droits humains, la lutte contre la corruption, la lutte contre la pauvreté, la lutte et la prévention de l'extrémisme violent à travers plusieurs enquêtes que certaines organisations mènent pour recueillir le point de vue et comprendre la situation des acteurs sociaux.

---

[53]Archives de la FMM de l'année 2019

Plus flexibles et plus proches de la population, les 46 OSC et/ou ONG qui interviennent actuellement dans la Province du Lac, fournissent des services alternatifs là où l'action de l'Etat est inexistant ou insuffisante. Elles prennent en charge des programmes d'éducation non formelle, bref de l'assistance humanitaire. Grâce à des démarches à l'écoute des besoins et des conditions de vie de populations défavorisées de la Province du Lac, ces OSC ont un meilleur accès aux personnes exclues, marginalisées et surtout celles associées à Boko Haram. Considérées comme producteurs de service, les OSC et/ou ONG mènent des actions pour répondre aux besoins des populations de la province du Lac, notamment les populations les plus vulnérables. Aux nombres des OSC et/ou ONG et organismes (USAID/P4P, CELIAF, Equal Access, CRASH, COOPI, OIM, HI, UNICEF, PAM, PNUD, Croix-Rouge, Care internationale…) intervenant dans la province du Lac se trouve le Centre d'Etudes pour le Développement et la Prévention de l'Extrémisme (CEDPE) qui a fait ces preuves à travers plusieurs activités menées dans cette localité. La toute première activité menée par le CEDPE dans la province du Lac est une mission de recherche organisée du 29 mars au 05 avril 2018.

Il résulte de cette recherche que seulement 5/285 des désengagés de BH soit 1,75% a eu droit à une scolarisation[54]. De même, une autre mission d'enquête portant sur « l'identification, le profilage et l'enregistrement de 2544 désengagés de Boko Haram dans la province du Lac » tenue du 20 septembre au 19 octobre 2019 révèle que 67% des

---

[54]CEDPE, Rapport de la mission d'enquêtes des repentis de Boko Haram dans la région du Lac, du 29 mars au 05 avril 2018

personnes interrogées éprouvent des difficultés en matière de logement et de nourriture et 33% sont dans un besoin urgent d'assistance sanitaire[55]. Ces données sont la preuve de l'importance d'une intervention humanitaire dans cette province du Lac, raison pour laquelle, la CELIAF[56] en collaboration avec le CEDPE ont formé et réinséré plus de 240 désengagés de Boko Haram et les membres des comités d'autodéfense en 2020. Cette formation avait pour objectif de renforcer la résilience de ces bénéficiaires et les mettre à contribution dans la lutte et la prévention de l'extrémisme violent à Bol, Bagasola et Liwa. Allant dans la même dynamique, le programme P4P/USAID a organisé plusieurs formations et tables rondes visant à créer un cadre de concertation et de partage de connaissance entre les autorités administratives, traditionnelles et les acteurs de la société civile dans l'espoir de promouvoir et de renforcer la coordination entre ces acteurs qui lutte contre l'extrémisme violent dans la province du Lac[57]. En dehors de la formation et des sensibilisations, l'apport des OSC exerçant dans la région du Lac se fait sentir à travers les forages, les centres de santé, les établissements scolaires et les abris construit, la dotation des kits, des pièces d'identités et autres.

---

[55]CEDPE, Rapport de la mission d'identification, d'enregistrement et profilage de 2544 désengagés de Boko Haram dans la province du Lac, du 20 septembre au 19 octobre 2019menées par le CEDPE
[56] Cellule de liaisons des Associations féminines
[57] P4P/USAID, Rapport de la table ronde portant sur le rôle des organisations de la société civile et les pouvoirs déconcentrés/décentralisés dans la prévention de la radicalisation et la lutte contre l'extrémisme violent dans la province du Lac, 15-16 aout 2019.

Finalement, on retiendra que les OSC et les FDS participent à la stabilité dans la province du Lac et contribuent par ailleurs à l'amélioration des conditions de vie de la population des zones touchées par les actions du groupe BH. Tout comme les autres structures, les FDS et les OSC ont aussi leurs limites.

3. Les limites des forces de défense et de sécurité et des organisations de la société civile dans la lutte contre Boko Haram

Les limites actuelles de la FMM, composée d'environ 10 000 militaires et ayant pour mandat la lutte contre l'invasion du groupe Boko Haram dans le bassin du Lac et ses environnants, doivent être appréhendées sous plusieurs angles. D'abord, il convient de révéler que depuis sa création en 2015, les interventions armées régulières et spontanées de la FMM ont fortement contribué à affaiblir les actions du groupe BH. Toutefois, il reste qu'en dépit du groupe BH semble affaibli, il est loin d'être complètement éradiqué. Cela pourrait s'expliquer par les carences et l'effectivité de l'opérationnalité de la FMM dues d'une part à la lutte et rivalités de pouvoir, mouvement d'humeur et grèves, tergiversèrent, faible évaluation des capacités (humaines, techniques et matérielles), carence en terme de préparation, faible remise en question, sectorisation s'apparentant à un repli national, insuffisance des moyens matériels, de transport terrestre et aérien, logistiques, de communication, de renseignement, de reconnaissance et de surveillance. A cela, il convient de souligner que la vulnérabilité du territoire nord-nigérian ainsi que des régions du bassin du lac Tchad de manière globale constituent des terreaux fertiles pour les groupes extrémistes. Par ailleurs, on ajoutera d'autre part que l'insécurité dans les zones et localités susmentionnées est aussi liée à la précarité des conditions socioéconomiques et culturelles des populations.

Comme la plupart des OSC de l'Afrique, celles du Tchad sont confrontées à la rareté des financements, à la convoitise du pouvoir et à l'éloignement de la base. La question de l'autonomie reste un grand défi pour les OSC du Tchad car elles n'ont presque pas des ressources financières stables. Certaines OSC comptent pour la plupart sur des bailleurs de fonds qui ne peuvent malheureusement pas leur venir tout le temps en aide. Pour poursuivre leurs activités, certaines sont quelque fois promptes à accepter les offres émanant des structures ou personnes, avec pour conséquence sur les activités qu'elles mènent.

4. Les défis à relever par les forces de défense et de sécurité et les organisations de la société civile dans la lutte contre Boko Haram

Les défis à relever par les FDS pour lutter efficacement contre le groupe BH passent par l'acquisition des moyens amphibies supplémentaires pour améliorer la capacité de lutte amphibie, la maitrise de la problématique des engins explosifs, l'acquisition des drones et des moyens de lutte contre les drones. Vu que la plupart des attaques du groupe BH se produisent la nuit, l'acquisition d'équipements de vision nocturne pour augmenter la capacité du combat de nuit et la disponibilité d'appui aérien rapproché notamment nocturne sont indispensables. L'appui de la FMM dans le domaine de la formation à travers des séminaires sur le respect de droit de l'homme en général et le droit des conflits armés en particulier, la gestion humanitaire, le versement des primes aux soldats, la combinaison des approches militaires et civiles sont aussi entre autres des défis que les FDS sont appelées à surmonter.

Les actions de la FMM presqu'exclusivement militaires, sont complétées par celles des OSC qui sont basées sur une approche préventive. Allant dans la même lancée, l'International Crisis Group affirme que l'approche militaire doit être progressivement revue pour inclure une plus grande dimension civile afin d'éviter une militarisation de la région sur le long terme, en associant davantage les autorités civiles locales aux décisions stratégiques…[58]

Quant aux OSC, les acteurs de ces organisations doivent doubler d'effort afin d'aider les autorités dans la prévention et la lutte contre le groupe BH. Pour ce faire, les OSC du Tchad, dans leur rôle de catalyseur des aspirations de la population de la Province du Lac, doivent être à l'avant-garde de la prévention de l'extrémisme violent tout en travaillant en synergie non seulement entre elles mais également avec les FDS et la population. Elles doivent également développer des approches intégrées et inclusives à l'égard de la jeunesse, créer plus des AGR, associer les riverains à la prise des décisions, créer davantage des services de base, former, éduquer, impliquer la population dans la prévention de l'extrémisme violent et réinsérer socio-professionnellement les désengagés

---

[58]L'International CRISIS Group a dans son article « Boko Haram au Tchad : au-delà de la réponse sécuritaire », 08 mars 2017

de BH. Ces OSC doivent pour ainsi dire, mettre l'accent sur la sensibilisation afin de sortir la Province du Lac de l'extrémisme violent tout en faisant surtout le suivi-évaluation des projets réalisés. Tels sont les défis que les OSC doivent s'efforcer de relever.

Conclusion

En dernier ressort, nous retenons que les FDS jouent un rôle important dans la stabilisation de la Province du Lac et qu'en dépit des objectifs fixés et les moyens déployés, elles peinent à mettre hors d'état de nuire le groupe Boko Haram. Quant aux OSC, les actions qu'elles mènent sont plus ou moins visibles mais l'impact de ces actions ne se fait pas trop sentir par faute de synergie d'action et de communication entre elles, les autorités et la population. De ce qui précède, nous notons que malgré les moyens déployés par les FDS et les OSC dans la lutte contre Boko Haram, ce groupe extrémiste continu par semer la terreur et endeuiller des familles dans la province du Lac limitant ainsi les habitants dans l'exercice de leurs activités socioéconomiques tout en augmentant la vulnérabilité de ces derniers. Vu qu'elles peinent à atteindre les objectifs qui sont les leurs, les FDS et les OSC gagneraient peut-être en revoyant les stratégies déployées dans la lutte contre ce groupe extrémiste tout en élaborant des programmes de réinsertion des désengagés et victimes de Boko Haram et renforçant la coopération entre les civils et les militaire.

Bibliographie

- L'International CRISIS Group a dans son article « Boko Haram au Tchad : au-delà de la réponse sécuritaire », 08 mars 2017
- CEDPE, Rapport de la mission d'enquêtes des repentis de Boko Haram dans la région du Lac, du 29 mars au 05 avril 2018
- CEDPE, Rapport de la mission d'identification, d'enregistrement et profilage de 2544 désengagés de Boko Haram dans la province du Lac, du 20 septembre au 19 octobre 2019 menées par le CEDPE
- P4P/USAID, Rapport de la table ronde portant sur « le rôle des organisations de la société civile et les pouvoirs déconcentrés/décentralisés dans la prévention de la radicalisation et la lutte contre l'extrémisme violent dans la province du Lac », 15-16 aout 2019.
- FUTUREX-CONSULTING, La revue The peace builder, de mars 2020
- Archives de la FMM de l'année 2019

Annexe

1.   Termes de référence de la revue scientifique projet de renforcement institutionnel du CEDPE pour mieux prévenir l'extrémisme violent au Tchad

Introduction

Le CEDPE est une structure associative privée composée de chercheurs et chercheurs-associés. C'est un centre qui œuvre dans le domaine de la recherche, du développement, de la gestion des conflits, de la prévention de la radicalisation et de l'extrémisme violent. Dans le cadre de ses activités de prévention de la radicalisation et l'extrémisme violent, le CEDPE a créé une revue scientifique qui mène des analyses et réflexions sur les questions liées aux conflits. Ladite revue est publiée trimestriellement et est mise à la disposition des chercheurs, des organisations nationales et internationales et à la disposition des acteurs qui œuvrent dans le domaine de la prévention de la radicalisation et de l'extrémisme violent, en vue de leur apporter un éclairage sur des questions touchant l'extrémisme violent, mais aussi en vue de sensibiliser et contribuer à instaurer une culture de paix au sein des communautés.

La recrudescence des attaques armées dans la Région du Lac a poussé des milliers de civils à chercher refuge dans la province du Lac, perturbant ainsi les moyens de subsistance et faisant payer un lourd tribut aux communautés locales, en particulier autour de Ngouboua, Tchoukoutalia et dans les zones insulaires à la frontière avec le Nigeria. Selon le rapport de situation du Bureau de coordination des Affaires Humanitaire en date du 14 juin 2019, depuis le début de l'année 2019, près de 40 000 personnes se seraient déplacées dans la province du Lac, dont des réfugiés en provenance du Nigéria, des retournés du Niger et de nouveaux déplacements de communautés déjà déplacées à la recherche de sécurité et d'assistance.

Face à la montée fulgurante du phénomène de l'extrémisme violent, et dans un souci de contribuer à l'éducation à la paix des communautés, le projet de « renforcement institutionnel du CEDPE pour mieux prévenir l'extrémisme violent au Tchad » a choisi de contribuer à la publication de la revue du CEDPE, en offrant l'opportunité aux chercheurs du CEDPE un espace de publication des articles portant sur la radicalisation et l'extrémisme violent, afin de contribuer à l'éducation à la paix et à la résilience sociale contre le phénomène de l'extrémisme violent.

1- Objectif

Cette activité contribuera à l'atteinte de l'objectif 2 du projet, à savoir : **Mettre à la disposition des décideurs et des partenaires et du public cible, des informations, des articles et données vérifiables avec des propositions concrètes afin de prévenir l'extrémisme violent et la radicalisation.**

2- Résultat attendu

La publication de cette revue vient en renfort aux activités développées par le CEDPE dans le cadre de ses activités de prévention de la radicalisation et de l'extrémisme violent.

Cette revue contribuera, à l'instar des autres activités, à l'atteinte des objectifs du projet de renforcement institutionnel du CEDPE. Il vise principalement à atteindre le résultat suivant : **Au moins 2000 personnes ont été touchées et sensibilisées à travers les publications de la revue.**

3- Déroulement de la revue

Le déroulement de la revue sera fait au CEDPE par des articles à travers les publications de la revue scientifique de ses activités de prévention de la radicalisation et de l'extrémisme violent. Cette revue contribuera, à l'instar des autres.

Les personnes qui contribueront à la prévention de la radicalisation et de l'extrémisme violent. Cette revue contribuera, à l'instar des autres, à l'atteint politologues, des historiens, des sociologues, des géographes, des économistes, des juristes). Le choix des rédacteurs des articles se fera en tenant compte de leur expérience avérée et prouvée dans les différentes thématiques à traiter dans cette revue.

> ➢ Mise en place du comité de lecture des articles ;
> ➢ Lecture des articles de la revue par le comité de lecture ;
> ➢ Corrections et infographie
> ➢ Approbation de la revue par P4P ;
> ➢ Impression de la revue ;
> ➢ Publication de la revue

4- Indicateurs

Ind.1. Nombre de revues imprimées ;

Ind.2. Nombre de personnes ayant reçu une revue ;

Ind.3. Nombre de personnes témoignant avoir tiré des leçons de la lecture de la revue.

Ind.4. Nombre de personnes attestant avoir été positivement transformées à travers la lecture de la revue.

5-   Stratégie de distribution de la revue

Après l'impression de la revue, la publication de la revue se fera en version électronique sur le site du CEDPE pour permettre aux visiteurs d'avoir accès et une distribution via les réseaux sociaux WhatsApp, Facebook, tweeter, mail etc. La distribution de la version papier se fera aux institutions et structures publiques et privées, des représentations diplomatiques dont deux (2) exemplaires et une (1) offert aux visiteurs du CEDPE de manière individuelle et notamment les bénéficiaires mentionnés ci-dessous dans la liste.

6-   Bénéficiaires

Bénéficiaires directs :
- ➢ Les chercheurs et experts qui œuvrent dans le domaine de la recherche sur l'extrémisme violent ;
- ➢ Les organisations nationales et internationales ;
- ➢ Les représentations diplomatiques ;
- ➢ Les institutions de l'État.

Bénéficiaires indirects :
- La population ;
- Les élèves et étudiants.

2.   Instructions aux auteurs d'article

A- Présentation

Salam est une revue scientifique pluridisciplinaire publiée par le Centre d'Études pour le Développement et la Prévention de l'Extrémisme (CEDPE).

La revue Salam offre un espace d'échange et de production scientifique aux chercheurs intéressés par la problématique de la paix. Elle est ouverte à toute contribution de qualité scientifique reconnue. Elle comporte plusieurs rubriques et touche les grands domaines des activités de recherche liées à la paix et la sécurité. Elle regroupe, ainsi les domaines suivants : Sociologie, Sciences Juridiques, Sciences politiques, Sciences de l'éducation, Histoire, Relations internationales, etc.

Cette revue s'adresse à une communauté de scientifiques, nationale et internationale. Elle publie à périodicité régulière (trimestrielle) les résultats récents des travaux de recherche qui lui sont soumis ou qu'elle sollicite. Ainsi, Salam est amenée à accepter des articles de résultats originaux, des articles de synthèse et notes scientifiques, comme elle accepte des courts textes de discussions sur des problèmes scientifiques et techniques, invitant au débat et demandant des éléments de solutions. Elle apprécie des comptes rendus et des nouvelles d'événements importants nationaux ou régionaux.

B- Éléments à fournir lors de la soumission.

Chaque
soumission
d'article doit être
accompagnée :

> une lettre au rédacteur en chef comprenant une présentation brève de l'article (15 lignes maximum), la désignation de l'auteur principal, des co-auteurs éventuels ainsi que de l'auteur correspondant ;

> En cas de reproduction, dans l'article soumis, de documents protégés par un droit d'auteur, y compris les longues citations (plus de 500 mots), tableaux, figures, graphiques, etc. issus d'une source extérieure, fournir l'autorisation écrite de l'éditeur. Cette autorisation devra préciser qu'elle est valable pour la reproduction sur la revue imprimée et sur la revue électronique.

Les manuscrits non conformes aux instructions aux auteurs ne seront pas acceptés.

C-   Préparation d'un manuscrit

La langue d'usage est le français. Les manuscrits doivent se conformer au plan IMRED qui comporte quatre parties : Introduction, méthodes, résultats et discussion.

Introduction :

L'introduction insère la recherche dans un cadre général et présente le contenu de l'article.

Matériel &Méthodes :

Dans cette partie, sont exposées précisément les méthodes employées et ne doit figurer aucun résultat ou analyse critique. Cette partie doit être rédigée au passé pour tout ce qui évoque l'étude.

Résultats :

Cette partie ne comporte que des résultats, c'est-à-dire que l'on ne doit pas y trouver d'éléments méthodologiques, bibliographiques ou de discussion. Tous les résultats qualitatifset/ou quantitatifs présentés dans l'article doivent s'y trouver.

Discussion :

La discussion a pour rôle d'interpréter les résultats et d'en discuter la qualité et la validité. Elle a aussi pour fonction de situer les résultats dans un contexte général, c'est-à-dire d'en montrer la convergence avec des résultats antérieurs tout en soulignant l'originalité et l'apport qu'ils représentent pour la communauté scientifique ou professionnelle.

Divers

Quel que soit le type, les manuscrits doivent se conformer à la structuration suivante :

Page de titre :

Elle comporte un titre d'un maximum de 15motsenfrançais.

Résumé

Le résumé ne doit pas excéder 250 mots pour chacune des langues, français et anglais. Le résumé doit être structuré et donc respecter le plan : objectif, méthodes, résultats, discussion et conclusions. Il doit être informatif et en deux langues- un en français et un en anglais.

Mots-clés

Ils se situent après le résumé. Les lettres à la rédaction n'ont pas de mots clés. Tout article doit être accompagné de six mots-clés au maximum, proposés en français.

Sources et références bibliographiques

Les références se positionnent après le texte. Seuls les travaux cités dans le manuscrit figurent dans les références. L'ordre pour les références bibliographiques est l'ordre alphabétique. Les références bibliographiques ne peuvent pas figurer en notes de bas de page. Les références bibliographiques doivent se conformer aux normes suivantes :

Pour un livre : Auteur(s), année. -Titre du livre. Edition. Ville de publication. Nombre de page.

- Pour un chapitre extrait d'un livre : Auteur(s), année. -Titre du chapitre. Nom du livre précédé de « In». Edition. Ville. Numéros de page (de…à…).
- Pour un article dans une revue : Auteur(s), année. -titre de l'article. Nom de la revue. Volume, numéros de page (de…à…).
- Pour une source électronique : titre de l'article consulté. Adresse http. Date de la dernière mise à jour du site. Date de consultation.

Nombre de pages par article.

Le nombre de pages par article est fixé à un minimum de 10 pages et un maximum de 15 pages.

Tableaux et figures

Afin d'en assurer la qualité lors de la publication, les tableaux et figures sont en noir et blanc et ne doivent pas être surchargés. Ils sont insérés enfin de manuscrit (pas de fichier séparé). Ils sont appelés dans le texte par une mention entre parenthèse (figure 1 ou tableau I).

Tableaux: les tableaux sont numérotés en chiffres romains dans l'ordre d'appel dans le texte. Ils sont accompagnés d'un titre informatif au-dessus, et d'une légende si nécessaire.

Figures: elles sont numérotées en chiffres arabes dans l'ordre d'appel dans le texte. Les graphiques ne doivent pas être surchargés, de préférence en noir et blanc et en deux dimensions uniquement.

Les légendes des figures et tableaux doivent être écrits sur des feuilles séparées.

Décision de publication

La décision de publication relève du staff projet. Tout manuscrit soumis à *Salam* est préalablement examiné par le staff projet afin d'en vérifier :

La conformité aux instructions données ;

L'inscription du thème de l'article dans le champ couvert par la revue.

Si le manuscrit n'est pas conforme ouest hors champ, il sera refusé sans expertise complémentaire.

Les articles conformes sont envoyés à deux lecteurs (c o m i t é   d e   l e c t u r e) pour analyse critique. Les lecteurs disposent d'une semaine à compter de l'acceptation de l'expertise pour rendre leur analyse. Dès réception, les avis des lecteurs sont envoyés à l'auteur avec notification de la décision : **acceptation sans modification, acceptation avec**

modifications majeures ou mineures, refus. Dans le cas de demande de modifications, l'auteur dispose d'une semaine pour soumettre une version corrigée dans le cas de révisions majeures et de deux jours dans le cas de révisions mineures. Les auteurs doivent accompagner le manuscrit révisé d'une lettre détaillant et localisant dans le texte les modifications effectuées, et répondant aux commentaires des lecteurs. Le manuscrit révisé peut être envoyé en seconde lecture auprès des lecteurs, invités à émettre un nouvel avis.

Aspects éthiques et règlementaires

Les recherches doivent se conformer aux principes éthiques et à la législation en vigueur du pays concerné. L'information et le cas échéant le consentement des personnes concernées par la recherche doivent être mentionnés

Droits d'auteur

En soumettant un article, les auteurs acceptent l'édition et selon les modalités établies par la revue. Ils garantissent que l'article est original, n'a pas été publié auparavant, n'a pas été soumis pour publication à un journal ou une autre revue, et ne les a pas jusqu'à réception de la décision de la revue Salam.

Aucun des textes publiés ne peut être reproduits sans l'autorisation de la revue. Les auteurs s'engagent à demander l'autorisation au rédacteur en chef de la revue s'ils désirent reproduire partie ou totalité de leur article dans un autre périodique ou une autre publication.

Les références de la première publication doivent être mentionnées dans la reproduction

3.   Présentation du CEDPE et ses objectifs

Le Centre d'Études pour le Développement et la Prévention de l'Extrémisme (CEDPE), est une structure associative privée créé par des cadres tchadiens qui ont d'expérience approfondies du phénomène de l'extrémisme. Le lancement officiel du centre a eu lieu 28 janvier 2018 après plusieurs mois de tractation pour l'obtention de l'autorisation de fonctionnement. La cérémonie a vu la présence des personnalités nationales et étrangères (les représentants du gouvernement, des représentations diplomatiques au Tchad et des autres organisations nationales et internationales).

Les objectifs du CEDPE

L'objectif du CEDPE ne se limite pas seulement aux études, à la recherche et à la prévention de l'Extrémisme dans toutes ses formes, mais il contribue également à la promotion de l'information scientifique et à la communication, en soutenant ou en créant des organes de presse, des radios et des chaînes de télévision spécialisées. Il forme aussi les jeunes aux nouvelles technologies en y faisant d'ailleurs son cheval de bataille ; et procède aussi à des sondages dans tous les domaines : Politiques, économiques et sociaux. Il contribue aussi au bon déroulement en Afrique, des échéances électorales, de participer à l'analyse de la conjoncture nationale et internationale et de ses perspectives d'évolution dans tous les domaines, notamment la bonne gouvernance et les droits de l'Homme.

Pour l'accomplissement de ses missions, le **CEDPE** peut notamment :

- Mener les recherches sur les causes et conséquences de l'extrémisme ;
- Sensibiliser les populations sur la prévention de l'extrémisme ;
- Mettre en place les stratégies de communications adéquates et efficaces dans le cadre de sensibilisation ;
- Impliquer la jeunesse dans les milieux scolaires, universitaires et défavorisés dans la lutte contre l'extrémisme ;
- Promouvoir la paix à travers des initiatives ;
- Organiser des débats autour des questions qui touchent la société ;
- Participer aux initiatives de lutte contre la radicalisation et le terrorisme ;
- Etablir les stratégies permettant aux organisations et aux Etats pour une lutte efficace ;
- Développer des relations de partenariat avec des institutions de recherches nationales et internationales,
- Contribuer au développement de recherches entreprises dans les laboratoires, relevant d'autres organismes publics de recherche, des Universités et d'autres établissements d'enseignements supérieurs, des entreprises et des centres de recherches privés ;
- Mettre en œuvre des programmes de recherche et de développement technologique.

- Recruter et affecter des spécialistes nationaux et/ou étrangers en matière de recherche et d'analyse dans la limite des emplois autorisés par la loi ;
- Participer à des actions des recherches menées en commun avec des services de l'Etat, des collectivités locales, ou d'autres organismes publics et privés, à l'intérieur ou à l'extérieur du pays ;
- Participer à l'élaboration et à la mise en œuvre d'accords de coopération scientifique, et la publication des travaux.

Ce document a été conçu avec l'appui de nos partenaires de
l'USAID, à travers le projet
« Partenariats pour la Paix », dédié au renforcement des
capacités et à la mise en réseau des institutions régionales, des
gouvernements nationaux et des organisations de la société
civile d'Afrique de l'Ouest, dont les efforts sont axés sur la
prévention de la radicalisation et de l'extrémisme violent

Site web: www.centrerecherche.com
Email: yacoubahmat@aol.com
Facebook: CEDPE
Twitter: @extremisme
Siege: Quartier NDjari-Blama-Tom
Téléphone : 00235 65 03 15 60